AF609021

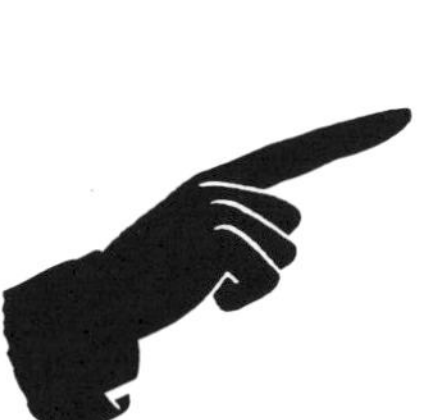

Detective Elchmanyahu's auto-da-fe

פוליטיקלי חורק

פוליטיקלי חורק

Onomatopee 217

אונומטופיה 217

LAND ACKNOWLEDGMENTS

The author wishes to acknowledge the many Palestinian refugees and diaspora in and outside the forcibly settled country transgressing the Oslo agreements and the human rights that we call Israel.

I pay my respect to their Elders-past, present and emerging- and wish to inscribe this book within the local tradition and culture of storytelling. Unfortunately, this book could not be published in Arab because of its limited budget. However, the decision to translate to Hebrew underlines the purpose of this book, namely to trace and reflect the rampant hatred and xenophobia towards the Palestinian people in the Israeli public opinion and current culture.

הכרת הארץ

המחבר מבקש להעניק הכרה להמוני הפליטים הפלסטיניים ולגלותם בתוך ומחוץ לארץ המיושבת באלימות תוך הפרת הסכמי אוסלו וזכויות האדם, ארץ שאנו מכנים ישראל.

אני רוחש כבוד לזקני השבט שלהם - בעבר, בהווה ובעתיד - ומבקש להציב ספר זה במסורת המקומית של סיפור סיפורים ובתרבותה. למרבה הצער, ספר זה אינו יכול להתפרסם בערבית בשל תקציבו המוגבל. יחד עם זאת, ההחלטה לתרגם לעברית מדגישה את תכליתו של ספר זה, שהיא לתאר ולשקף את השנאה נטולת-הרסן והקסנופוביה כלפי העם הפלסטיני בדעה הציבורית הישראלית ובתרבות הישראלית הנוכחית.

ACKNOWLEDGMENTS

"Writers are the worst", says the detective Elshmanyahu while interrogating Tweetu in scene V. This line, and many more, was added by Ami Asher, the editor, in one of the nine editing rounds this book underwent. If in almost no aspect I consider myself a writer, it is only under the watchful eye of Ami D. Headitor that I could write some of my unfiltered thoughts and emotions regarding the Israeli society and my place in its culture.

My gratitude also goes to the artists who granted me the rights to add their work and by doing so agreed to take part in this kamikaze undertaking while from the height of my delirium I decided to plunge onto the ship which they and so many others have embarked with the hope to discover a new culture of their own.

Driven by a sincerity made of the bitterness that only frustration can spark, I wanted to avoid delivering yet another poorly written and pointless academic text and I hope that if the following is no masterpiece of literature, it nonetheless succeed in describing the praxis of art as a ritual of which the ancestral power is beyond the interest of the so called market.

I count on the artistic intelligence of the artists who may see in their, sometimes grotesque, artistic persona; a mise-en-scene aiming at showing the vulnerability we, as artists, have been trained to mask in the corridors of the academy. And I sincerely hope that my arrogance is here the first to be unmasked.

It is not without the steady and professional care, more than support, of Moranne Mintz that my endeavour has become paper and ink and I would like her to know my gratitude for it.

I would like to salute here, Orit bulgaru for which the burden of this illiterate pretense must have hurt the sensitive intellect and heart.

And at last, I would like to address the modest smile that only partners can perceive to Ilit Azoulay.

תודות

"סופרים הם הכי דפוקים", מפטיר הבלש אלכמניהו שעה שהוא חוקר את טוויטו בסצנה 5. את השורה הזו, ורבות אחרות, הוסיף העורך עמי אשר באחד מתשעת סבבי העריכה שעבר הספר. בעוד שאיני מחשיב את עצמי לסופר באף היבט כמעט, הרי שרק תחת עינו הפקוחה עלה בידי להעלות על הכתב כמה ממחשבותיי ותחושותיי באשר לחברה הישראלית ולמקומי בתרבותה.

תודתי שלוחה גם לאמנים שעשו עמי חסד והתירו לי לכלול את יצירותיהם ובכך הסכימו להקריב את עצמם במתקפת הקמיקזה הזו, בעוד שאני, ממרומי הזייתי, החלטתי להתרסק על הספינה בה הפליגו הם וכה רבים אחרים בתקווה ליצור תרבות חדשה משל עצמם.

חדור אמונה שאותה רק תסכול יכול להצית, ביקשתי להימנע מכתיבת עוד טקסט אקדמי יבשושי, ועל כן אני מקווה שאם הספר אינו יצירת מופת ספרותית, הרי שבכל זאת עולה בידו לתאר את הפרקטיקה של אמנות כפולחן שתעצומותיו הקדמוניות מפליגות מעבר לאופקי השוק "החופשי".

אני סומך על תבונתם ונדיבות לבם של האמנים שיראו בבני דמותם האמנותיים, הגרוטסקיים לעתים, מעין מיזנסצנה שתכליתה לחשוף את השבריריות שאנו האמנים למדנו להסוות בהיכלי השן. כולי תקווה שיהירותי תהיה כאן הראשונה להיחשף.

הרעיון שהגיתי קרם נייר ודיו רק הודות להשגחתה ותמיכתה המקצועית המתמדת של מורן מינץ, וחשוב לי שתדע עד כמה אני אסיר לה תודה.

ברצוני גם להצדיע לאורית בולגרו, שנטל יומרתי האוריינית למחצה ודאי הכביד רבות על לבה החכם והנבון.

לבסוף, ברצוני לשגר לעברה של עלית אזולאי את החיוך הטמיר שרק בני הזוג יודעים לזהות.

FOREWORD

In the background, Aris San's "Boum Pam" can be heard as people line up in front of a newly inaugurated gallery in the Jaffa flea market. The passersby is looking at this unusual crowd and the crowd with the same look gazes at the passerby, perhaps reenacting the mutual contemplation that must have taken place in the 30s when Jews from Europe massively immigrated to the region and initiated its industrialization at the expense of the local grocers and peasants.

But those standing in the street this evening are coming in peace, they are artists. The flock of visitors positions itself in such a way to avoid the heat coming out of their bodies to turn into a furnace while hoping for the occasional breeze to blow from the sea and refresh their faces glowing with sweat. We are at an opening, a vernissage, a ritual further alienating the passerby for the rules are strict but untold.

A Western *dybbuk* (demon) seems to inhabit the street commanding our Eastern bodies, to line up and patiently hope for our name to be called and to eventually enter the museum. It is a well-known fact that the concept of these museums was advanced during the Enlightenment with the intent of eventually superseding the "irrational" beliefs attributed to vernacular traditions, first locally and later internationally. First with the help of armed force barely covered by the fig leaf of science, the colonial looting of local cultural treasures currently stuffing occidental lavish engineered buildings called museums ad nauseam has borne bad fruit in the postcolonial age, and later artists performed the rituals voluntarily, without the help of troops and experts, excluding their own immediate and impoverished context, lured by a history propelled by innovation.

By escaping the theoretical writing that too often sides with the no less engineered academic discourse whereby the curators, critics and art historians tend to cast the ties between the institution and the artist into a social-Darwinian mold, I hope to

פתח דבר

ברקע, ניתן לשמוע את "בום פם" של אריס סאן מנגן, שעה שמבקרים מצטו־פפים בכניסה לגלריה שזה עתה נפתחה בשוק הפשפשים. עובר האורח מתבונן בהמולת הקהל והקהל משיב לו באותו מבט בוחן, משחזר אולי את הבחינה ההדדית שהייתה מתרחשת בוודאי בשנות ה-30 כשיהודים מאירופה היגרו בהמוניהם לארץ והניחו את אבני הפינה לתיעושה על חשבון החנוונים והפלא־חים המקומיים.

אבל אלה העומדים ברחוב הערב באים לשלום - הם אמנים. עדר המבקרים מתמקם כך שהחום הנפלט מגופם לא יתלהט עד כדי כבשן, בעוד הם מייחלים בנפשם לשמוע את משב הרוח שתואיל בטובה לנשב מן הים ולצנן את מצחם הבוהק מזיעה. אנחנו נמצאים בפתיחה של תערוכה, ריטואל שיכול רק לגרום לניכור בעובר האורח, הואיל וכלליו הם כל כך נוקשים ובאותה מידה בלתי מפורשים.

נדמה שאיזה סוג של דיבוק מערבי שורר ברחוב ואוחז בגופותינו המזרחיים, פוקד עלינו לעמוד בשורה ולחכות בסבלנות שיקראו בשמנו בתקווה, שסוף כל סוף יובילנו לחלל התערוכה. עובדה ידועה היא שהקונספט של מוזיאונים כאלה נהגה בתקופת ההשכלה במטרה להתנער לבסוף מהאמונות ה"טפלות" שיוחסו למסורות מקומיות, תחילה בכל ארץ וארץ, ובהמשך בתבל רבה. תחילה תוך שהיא נעזרת בכוח צבאי שעלה התאנה של המדע בקושי הצליח להסתירו, הביזה הקולוניאלית של אוצרות תרבות מקומיים הממלאים כיום עד לזרא את בנייני המערב המהונדסים בפאר ומכונים מוזיאונים העלתה פרי באושים בעידן הפוסט-קולוניאלי. בהמשך, אמנים ביצעו את הריטואלים של המודרנה מרצונם החופשי, ללא עזרתם של גדודי חיילים או מומחים, תוך שהם פוסלים את ההקשר הבלתי-אמצעי והדל שלהם עצמם, ונופלים בפיתויה של היסטוריה המונעת על ידי חדשנות.

על ידי הימנעות מהכתיבה התאורטית שמצדדת לעתים קרובות למדי בשיח האקדמי המהונדס לא פחות, שבאמצעותו האוצרים, המבקרים וההיסטוריונים של האמנות נוטים ליצוק את היחסים בין המוסד והאמן לתבנית דרוויניסטית־חברתית, אני מבקש לעסוק שוב בתוצר התרבותי של כלל העם כשאלה חברתית לגיטימית ולהימנע מלעגם של הרציונליסטים. כאוצר ב-BAAD, שקדתי על שיקום אותה "אמונה טפלה" שהאמנות היא פולחן שלכולנו חלק בו (ולא רק לאמנים בהכשרתם), חלק בלתי נפרד מתרבותנו אנו. אמונה טפלה זו התפרצה אל פני השטח ב-2011, כשאותן סיסמאות של מחאה חברתית, באותו הלחש, בלי שום מנגינה, נזעקו מגרונם של מיליוני מפגינים ברחובות תל אביב, קהיר

rehabilitate the cultural product of the commons as a social and legitimate question and thwart the sneering of rationalists. As a curator at BAAD, I have been trying to rehabilitate the "irrational belief" that art is a ritual performed by anyone (and not only by trained artists) embedded in our own culture. This irrational belief was sparked in 2011, when the same social protest slogans, using the same incantation, were shouted by millions of demonstrators on the streets of Tel Aviv, Cairo and Tunis. I felt the common will to shake, if for now only for a short moment, the complacent contempt of those seating at the top of a system they have corrupted.

Immediately after the short-lived social protest, I issued a call for works answered by 300 artists who generously placed 500 works of art on loan. There was no selection process and everyone receiving the call for works was entitled to place one or more of her works in the collection. Within six months, this mass of artefacts – the Reservoir – stored in downtown Tel Aviv, formed the basis for a series of exhibitions and events over the project's three-year lifespan.

The fact that almost every artist featured in this book is a trained artist, a product of the academy, may explain the crude, sometimes irreverent narration of their practice and work by the main character, Tweetu, to whom the diagnosis of coprolalia[1] may apply. An incantation in the guise of a police interrogation serving as to exorcise Western culture out of Israeli artists and their practice, the story narrated below, rather than glorify their genius (and deservedly at that), reveals the all-too-human failure of artists as public figures personifying a decrepit enlightenment echoing Ibn Khaldun description of the "insane":

> Among the adepts of mysticism are fools and imbeciles who are more like insane persons than like rational beings. Nonetheless, they deservedly attained stations of sainthood and the mystic states of the righteous. The persons with mystical experience who learn about them after the fact know that such is

וטוניס. חששתי ברצון המשותף לזעזע, ולו רק להרף עין בינתיים, את שאננותם של הספונים בקומה העליונה של ההיכל אותו השחיתו.

מייד לאחר אותה מחאה חברתית קצרת ימים, פרסמתי קול קורא לו ענו 300 אמנים שברוב נדיבותם הואילו להשאיל 500 מיצירותיהם. כל מי שנענה לקריאה היה זכאי לכלול יצירה אחת או יותר באוסף ללא כל תהליך מיון. תוך חצי שנה, אותה מאסה של עבודות - ה"מאגר" - שהתאכסנה בדרום תל אביב, היוותה את הבסיס לסדרת תערוכות ואירועים לאורך שלוש שנות חייו של הפרויקט.

העובדה שכמעט כל אמן המופיע בספר זה הוא אמן על פי הכשרתו, תוצר של האקדמיה, יש בה גם כדי להסביר את הבוטות, עד כדי חילול השם, בה מציג הגיבור הראשי, טוויטו, את גישתם ויצירותיהם בעמודים שלפנינו, ובכך אולי מצדיק את אבחונו כלוקה בתסמונת טורט.[1] בהיותו לחש כישוף בכסות חקירה משטרתית, כישוף המשמש לגירוש הדיבוק המערבי מאמנים ישראלים ומיצירתם, הסיפור שאני מגולל להלן אינו קושר כתרים לגאונותם (ככל שהם ראויים לכך), אלא חושף את כישלונם האנושי להפליא של אמנים כדמויות ציבוריות המגלמות נאורות שפשטה את הרגל, ומהדהדת את ההגדרה שנתן אבן ח'לדון ל"חולי הנפש":

> רבים מחסידי תורת הנסתר הם ספק פותים ורפי שכל, ספק חולי נפש, וודאי שאינם שקולים בשכלם. ובכל זאת, הם זכו ובצדק למעמד של קדושה, לגדולה המיסטית של צדיקים בדורם. יודעי הח"ן שלומדים עליהם בדיעבד יודעים שכזהו מצבם [...]. המידע שהם חולקים עמנו על העל-טבעי יחיד ומיוחד. [...] הם מדברים עליו בחופש גמור ומספרים לנו פלאי פלאים.[2]

לדידם של אחדים, אובדן השפיות אינו אלא ניסיון לגלות סדק בתקינות הפוליטית הפשטנית לעילא של השיח האמנותי שמכתיב המערב, סדק שדרכו נוכל אנו, האמנים, להיחשב כלגיטימיים בעיני עובר האורח.

> their condition [...]. The information they give about the supernatural is remarkable. [...] They speak absolutely freely about it and tell remarkable things.[2]

For some, the insanity is merely the attempt at finding a fracture in the all too plain political correctness of the artistic discourse dictated by the West, a fracture through which we, artists, shall legitimately be considered by the passerby.

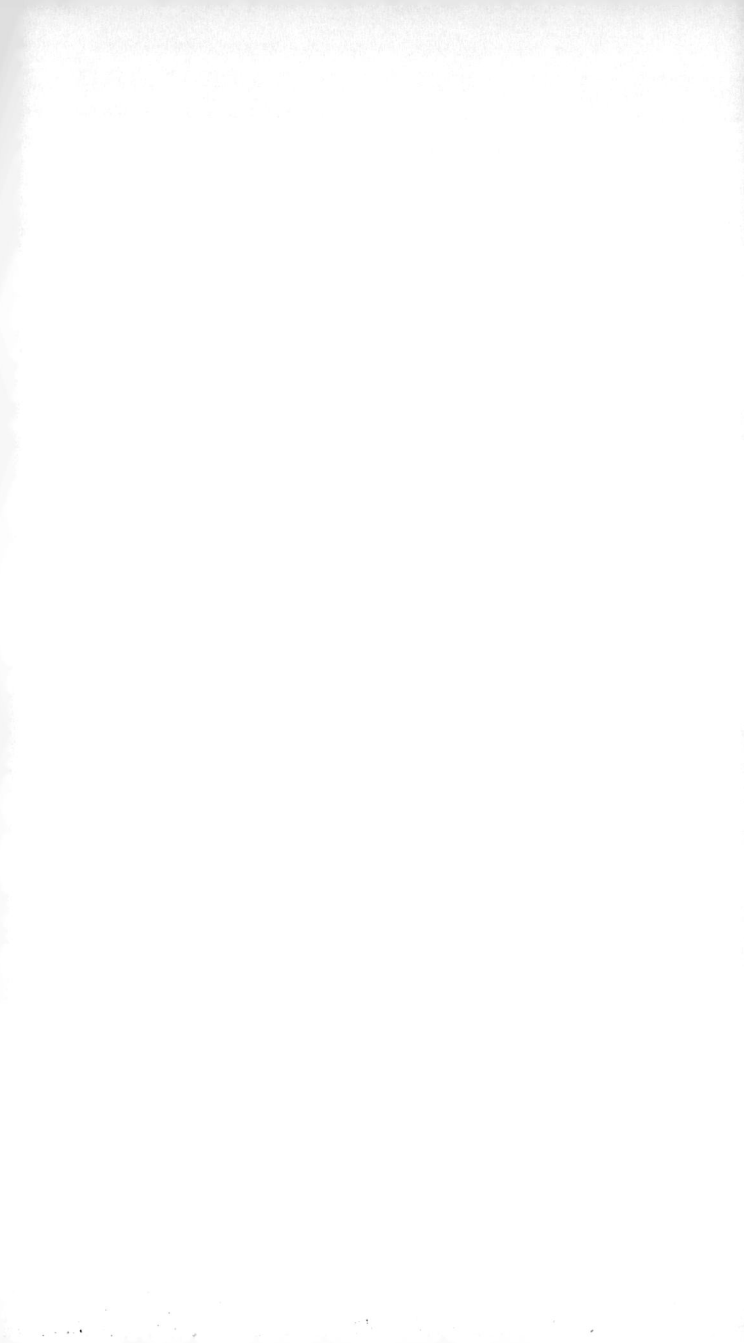

The man's age has no importance. He could be very old or very young. The important thing is that he doesn't know where he is and wants to go somewhere.This is why he always catches a moving train, like in American Westerns. Without knowing where it comes from (origin) nor where it goes (end). He gets off midway, in an isolated village around an insignificant station. Saloon, beer, whiskey : where do you come from, mate ? From far away. Where are you going ? I don't know. Maybe there's work for you. OK.[3]

גיל האדם אינו נחשב במאומה. הוא יכול להיות בא בימים או עול ימים. הדבר החשוב זה שהוא אינו יודע היכן הוא, ושהוא רוצה להגיע להיכן שהוא.

זו הסיבה שהוא תמיד מזנק אל רכבת נוסעת, כמו במערבונים האמריקאיים.

בלי לדעת מהיכן היא נוסעת (מוצאה) ולאן (סופה). הוא יורד באמצע הדרך, בכפר מבודד סביב תחנה נידחת.

פאב, בירה, ויסקי: מאין אתה, חבר ? רחוק מכאן. ולאן מועדות פניך ? אינני יודע. אולי יש כאן עבודה בשבילך. טוב ויפה.[3]

I

At the bus stop near the police station, a homeless person is fishing for glass bottles in the garbage can. ☛ (01)

Naama to herself, "It is so dark here, I can't see shit."

Across the narrow street, a man shows up in the dark as he lights a cigarette...

"Hey! Tweetu?" says Naama hoping for a familiar face.

"Hi, Naama! Still blabbering in your blog?"

"It's so dark here!" says Naama. "You just walked out of the police station," she adds, now in a more confident voice.

"You should have been a detective with such sharp insights," says Tweetu, feigning an admiring voice.

"How did it go? Did they say if they know who did it?"

"Did what?"

"Burn the Reservoir!"

"I told them I did..."

Tweetu takes a drag, his face is briefly illuminated.

"You what???"

"I saw that it was bound to fail, so I burnt it down – that's what I said."

"Why?"

"Well, I tried to re-initiate a materialistic approach free of ideologies and failed, so I let it go up in smoke," and he exhales slowly and looks at the smoke going up in the dark.

"What do you mean? That's why you did it or that's what you told them – or both? Have you officially lost your mind now?"

Tweetu still toys with his cigarette smoke while chanting to himself, contributing to Naama's diagnostic suspicions

"Curating the gallery space of the Bezalel Academy of Arts and Design in Tel Aviv, and working together with fellow artists presented the opportunity to take over the vessel and hoist the colors. At BAAD, artists en masse helped create volatile avant-garde vessels free from the coast guard of Western

א.

בתחנת האוטובוס הנושקת לתחנת המשטרה, חסר בית דג בקבוקי זכוכית בפח הזבל. (01)

נעמה לעצמה, "כל כך חשוך כאן, אי אפשר לראות כלום."

מעבר לרחוב הצר, צדודיתו של גבר מבליחה בחשיכה כשהוא מצית סיגריה.

"היי! טוויטו?" שואלת נעמה ובקולה געגוע לפנים מוכרות.

"הי נעמה! עדיין מבלבלת את המוח בבלוג שלך?"

"כל כך חשוך כאן!" אומרת נעמה. "אתה יצאת עכשיו מתחנת המשטרה", היא מוסיפה, כעת בקול בוטח יותר.

"עם הברקות שכאלה, היית צריכה להיות בלשית בעצמך", אומר טוויטו, בטון של הערצה מעושה.

"איך הלך? הם אמרו אם הם יודעים מי עשה את זה?"

"עשה מה?"

"שרף את המאגר!"

"אמרתי להם שאני עשיתי את זה..."

[טוויטו לוקח שכטה, פניו מוארות להרף עין.]

"אתה מה???"

"אמרתי להם שכל העסק נדון לכישלון, אז שרפתי את זה - זה מה שאמרתי."

"למה?"

"תראי, ניסיתי להתחיל מחדש בגישה חומרנית חפה מאידיאולוגיה ונכש־לתי, אז נתתי לזה לעלות באש."

[נושף בשקט ועוקב בעיניו אחר העשן המיתמר מעלה אל הלילה.]

"מה זאת אומרת? זאת הסיבה שעשית את זה או זה מה שאמרת להם - או שניהם? אתה התחרפנת עכשיו רשמית - כאילו, זה קליני?"

[טוויטו משתעשע עדיין בעשן הסיגריה שלו תוך שהוא מפזם לעצמו, ותורם בכך לאבחנותיה הנפשיות של נעמה.]

"עבודת האוצרות במרחב התצוגה של בצלאל בתל אביב, והעבודה בשיתוף עם אמנים אחרים, פתחה בפניי הזדמנות להשתלט על הספינה ולהניף את דגל שודדי הים. בבאאד (BAAD), המוני האמנים עזרו בבניית כלי שיט אוונגרדיים ונוחים לסערה, חפים מפיקוחו של משמר החופים של אמנות המערב. כשלוש-מאות אמנים נענו לקריאתנו ותרמו כל אחת ואחד לפחות אחת מיצירותיו. מאסה בלתי מובחנת של חמש-מאות יצירות אמנות התארגנה במסגרת חלופית:

art. About three hundred artists responded to our call and contributed at least one of their works. An unarticulated mass of 500 works of art were organized in an alternative setup: work-packed shelves prefigured the walls of the exhibition space. Between the years 2011 and 2013, the Reservoir functioned as a deregulatory reserve of precarious cultural platforms we hoped would one day flood the exclusive and arid fields of institutional business-oriented exhibition making."

Naama waves her hand in front of his eyes, now convinced of her diagnosis:

"Are you OK, Tweetu? Maybe you should go home and rest..."

"With almost every artist who consigned a work in the Reservoir, I conducted a short interview," addressing Naama now in a normal voice. "One of the questions I repeatedly asked was: 'What do you expect from the Reservoir?' To which many answered, 'I hope it would help me define my practice and its status in the cultural and social field'. Basically, they were asking for the contextualization of their work."

"So I guess the desert has not yet bloomed?"

"Again this Zionist metaphor! Change your tune, will you? Take a look around you for a moment, and see the person just right behind you who, desperate for food, is forced into a sustainable business based on sheer waste."

Slightly embarrassed but mostly scared, she takes a step forward towards Tweetu.

"ARF ARF" barks Tweetu.

Naama almost falls off her stilettos and grabs Tweetu's arm, only to release it immediately, once back on her points

"Thank you! Fucker!" she says confusedly, while looking around her.

A short silence.

"So can it be said that the Reservoir was an Israeli undertaking?"

"'Provincial' you mean?"

"No! Israeli is what I mean, white and blue."

"There was no intention to impose any national agenda whatsoever on the artists and their practice. 'Local' would be a more

מדפים עמוסי עבודות הטרימו את קירות מרחב התערוכה."

"בין השנים 2011 ו-2013, תיפקד המאגר כשמורה משוחררת ממשמר של פלטפורמות תרבותיות שמתקשות לשרוד ושקיווינו כי יציפו ביום מן הימים את השדות המדירים והמדבריים של עסק התערוכות הממוסד."

[נעמה מנופפת בידיה אל מול עיניו, משוכנעת כעת באבחנתה.]

"תגיד, אתה בסדר, טוויטו? אולי כדאי שתלך הביתה לנוח..."

"קיימתי ראיון קצר כמעט עם כל אמן שתרם יצירה למאגר" [כעת פונה לנעמה בקול רגיל:] "אחת השאלות שנהגתי לשאול הייתה 'למה אתה מצפה מהמאגר?' ורבים ענו כך: 'אני מקווה שהוא יעזור לי להגדיר את הפרקטיקה שלי ולמצב אותה במרחב התרבותי והחברתי'. ביסודו של דבר, הם ביקשו היקשור של יצירתם."

"אז אני מבינה מכך שהשממה טרם פרחה?"

"שוב פעם המטפורה הציונית הזו! אולי תחליפי דיסקט, מה את אומרת? תסתכלי מסביב רגע, ותראי את האיש הזה ממש מאחורייך, רעב ללחם, מתפרנס בדוחק מבזבוז שאין כמוהו."

[מובכת קמעא, אך בעיקר מבוהלת, היא פוסעת פסיעה אחת לעבר טוויטו.]

"האו, האו" נובח טוויטו.

[נעמה כמעט נופלת מנעלי העקב הדקיקות שלה ונאחזת בזרועו של טוויטו, ומיד משחררת את אחיזתה מרגע שהתייצבה על עקביה המחודדים.]

"תודה לך! לך להזדיין!"

[היא אומרת בבלבול, עיניה סורקות בעצבנות את סביבותיה.]

[שתיקה קצרה]

"האם אפשר לומר שהמאגר היה מפעל ישראלי?"

"את מתכוונת פרובינציאלי?"

"לא! אני מתכוונת ישראלי, כחול לבן."

"לא הייתה שום כוונה לכפות אג'נדה לאומית כלשהי על האמנים ועל עבודתם. 'מקומי' יהיה מונח מתאים יותר. והמאגר תיפקד כפח מיחזור לאמנים המשתוקקים להיקשור."

"אז למה לשרוף אותו? כדי שיהיה למגדלור 'מקומי' שכולם יוכלו לראות?"

[טוויטו משליך את הסיגריה ומתרחק מהמקום.]

adequate term. And the Reservoir functioned as recycling can for artists in need of contextualization."

"So why burn it down? A 'local' lighthouse for all to see?"

Tweetu throws his cigarette as he walks away.

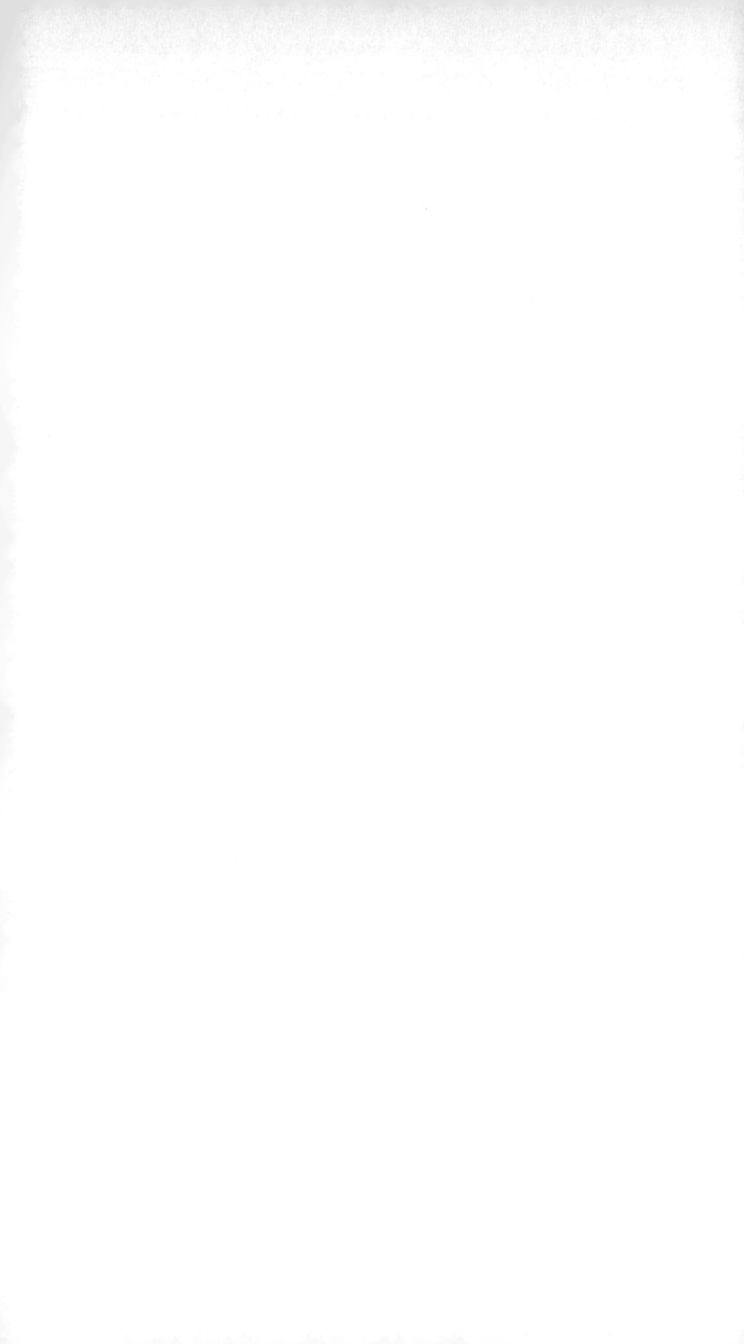

II

The more one is able to leave one's cultural home, the more easily is one able to judge it, and the whole world as well, with the spiritual detachment and generosity necessary for true vision. The more easily, too, does one assess oneself and alien cultures with the same combination of intimacy and distance.

— Edward W. Said, Orientalism[4]

Where we learn about Tweetu's colonial past. Earlier the same day, Shtetl Café, Aliyah Street, downtown Tel Aviv.

The near impossibility of writing in my mother tongue is the blurred reflection of my cultural identity. I write in English simply because French is no longer the lingua franca it still pretends to be and Hebrew is, at least as far as I am concerned, constrained to oral communication with what used to be my cultural surroundings for nearly twenty years.

If no single language is my thinking language, each is simultaneously present in every other. Borrowing a French word is not like borrowing one in Hebrew or English. There is a specific route from me to each of them.

What I intend to write here is not a plea for universalism but rather the testimony of someone 'who despite having tried for many years to be part of Israeli culture, has repeatedly failed to be accepted as one of 'us'. Us, who root for their own soccer team.

"Us, who share common but unspoken cultural values. The silent us who live by these tacitly and winkingly agreed limits which do not need to be voiced", she says. Manar is a special person; she is part of the 'us' and at the same time can point at it.

"I never could indulge in the peace of 'monoculture'," she commented with a focused look when we first met in the café, while munching on her apple strudel.

ב.

ככל שמתאפשר לאדם לפרוש מביתו התרבותי, כך קל לו יותר לשפוט אותו, ואת העולם כולו גם כן, בריחוק הרוחני ובנדיבות הנפש הדרושים על מנת לראות נכוחה. כך גם קל לו יותר להעריך את עצמו ותרבויות זרות עם אותו השילוב של אינטימיות וריחוק.

– אדוארד ו. סעיד, אוריינטליזם [4]

כאן למדים אנחנו על עברו הקולוניאלי של טוויטו. קודם לכן באותו היום, בקפה שטעטל, ברחוב העלייה.

חוסר ההיתכנות כמעט של כתיבה בשפת אמי הוא השתקפות מטושטשת של זהותי התרבותית. אני כותב באנגלית פשוט מכיוון שצרפתית אינה עוד הלינגואה פרנקה שהיא מתיימרת להיות, ועברית, לפחות בכל מה שקשור אליי, מוגבלת לתקשורת מילולית עם מה שהייתה סביבתי התרבותית למשך קרוב לעשרים שנה.

בעוד שאין אף שפה שהיא שפת החשיבה שלי, כל אחת נוכחת בו-זמנית בכל האחרות. שאילת מילה מצרפתית אין כדוגמתה כשאילת מילה מעברית או מאנגלית. יש מסלול ספציפי שמוליך ממני לכל אחת מהן.

מה שאני מתכוון לכתוב כאן אינו תחינה לאוניברסליזם, אלא עדותו של מישהו שעל אף ניסיונו ארוך השנים להיות לחלק מהתרבות הישראלית, נכשל שוב ושוב בניסיונו להתקבל כאחד מ"שלנו". "אנחנו, אלה שמריעים לקבוצת הכדורגל. אנחנו, החולקים ערכי תרבות משותפים אך לא מדוברים. האנו השקטים שחיים בהתאם למגבלות הללו, המוסכמות בלחישה ובקריצה, שאין צורך להכריז עליהן בקול רם", היא אומרת.

מנאר היא אדם מיוחד; היא חלק מה"אנחנו" ובה בעת יכולה להראות עליהם באצבע.

"אף פעם לא יכולתי למצוא מנוח ב'חד-תרבות", היא קבעה נחרצות כשנפגשנו לראשונה בבית הקפה ועיניה ממוקדות, תוך שהיא מתענגת על השטרודל שלה.

"תרחיקי את הדבר הזה ממני - כמרחק מזרח ממערב!", אמרתי, תוך שאני מנופף ידי לשלילה לנוכח השטרודל שהואילה בטובה לדחוק אל מרכז השולחן.

כיהודי צרפתי שנולד לאם מרוקאית ולאב אלג'יראי, האוכל האשכנזי שהם מגישים בקפה שטעטל הרגיש לי כמו גופה מחוממת במיקרו.

"Not my piece of cake!", I said while waving at the strudel she was kindly pushing to the middle of the table.

To a French Jew born to a Moroccan mother and an Algerian father, the European-Jewish food they serve at the Shtetl Café tasted like what I imagined a corpse reheated in a microwave would.

"What the hell happened to those apples?" I asked her as I was examining the pastry. ☛ (02)

Her face froze in astonishment, torn between hunger and anger. "I guess..." she goes while slowly pulling back the plate from under my nose, "I guess it is a pale version of the tarte tatin," fending off my distaste with distant sophistication.

Like the expression on her face, these apples failed to achieve any real intensity and settled in a polished plate next to an industrially processed vanilla ice cream from the Strauss factory. ☛ (03) (04)

"And you are?"

"Tweetu."

"You must know something about tarte tatin if I hear correctly."

"You bet," said the insolent French prick I was.

I just turned 23 and had no doubt about the absolute superiority of the French culinary heritage, for I had lived immersed in the illusion of a universal French culture until 1994.

"Let's drink a good bottle of wine" she then said "I'd love to share a glass with a Frenchman."

Of course, the wine list was in Hebrew, which I could barely read and as I was about to identify the only word I could decipher, Tsarfat (France), she asked, "How about a pinot noir from Bourgogne?"

"Capital idea," I blurted.

The bottle cost 150 NIS whereas in France the same bottle would have cost 50.

As we were walking out of the café, "it is crazy those prices," I said while thinking of how I was going to pay for my next meal, or our next date...

She laughed at my Frenchness and said, "Your culinary heritage is taxed according to its hype! 02-6430987, call me when you are around the Old City, I will show you around."

"מה לעזאזל עבר על כל התפוחים האלה ?", שאלתי אותה בעודי בוחן את העיסה בעיון. (02)

פניה קפאו מתדהמה, נקרעות בין רעב לזעם.

"נראה לך...", היא אומרת תוך שהיא מרחיקה את הצלחת לאיטה מנחיריי, "נראה לך שזו גירסה דהויה של טארט טאטן ?" מבטלת את עיקום האף שלי בהרמת גבה לאות תחכום מתנשא. שטרודל תפוחים בכלל לא קשור לטארט טאטן, במקור זה דווקא... ערבי! שטרודל תפוחים וינאי זה לא "אשכנזי" - זה הגיע לשם דרך הממלכה העותמנית, ואליה דרך סוריה ופלשתינה. זה גלגול של בקלאווה. צחוק הגורל - כמה הוא אירוני.

כמו הבעת פניי, התפוחים הללו לא הגיעו לכדי אינטנסיביות ראויה והתנחלו בצלחת ממורקת לצד גלידת וניל מתועשת מתוצרת שטראוס. (03)(04)

"איך קוראים לך בעצם ?"

"טוויטור".

"אתה בטח יודע משהו על טארט טאטן אם אוזניי אינן מטעות אותי".

"בטח", השוויץ השרץ הצרפתי המחוצף שבתוכי.

מלאו לי 23 זה עתה ולא היה לי כל ספק בדבר העליונות המוחלטת של המורשת הקולינרית הצרפתית, שכן חייתי עמוק באשליה של תרבות צרפתית אוניברסלית עד שנת 1994.

"בוא נשתה בקבוק יין טוב", היא אמרה. "אשמח לחלוק כוסית עם צרפתי אמיתי".

כמובן שרשימת היינות הייתה בעברית, כך שבקושי יכולתי לקרוא אותה, ובדיוק כשעמדתי לזהות את המילה היחידה שהתפענחה לי, "צרפת", היא שאלה אותי: "מה דעתך על פינו נואר מבורגון ?"

"רעיון מצוין".

הבקבוק עלה 150₪, בעוד שבצרפת אותו הבקבוק היה עולה בוודאי 50.

כשיצאנו מבית הקפה אמרתי, "המחירים האלה מטורפים", ושאלתי את עצמי איך אוכל לשלם על הארוחה הבאה שלי, או על הדייט הבא שלנו...

היא צחקה לצרפתיותי ואמרה, "המס הנגבה על המורשת הקולינרית שלך תואם לפלצנות שלה! 02-6430987, תתקשר אליי כשאתה מגיע לאזור העיר העתיקה, אני אעשה לך סיור".

מנאר גדלה במזרח ירושלים והיא זוכרת את העיר העתיקה כמגרש משחקים שאין כדוגמתו. "הסמטאות המתעקלות והקשתות בכניסות לבתים הדהדו את זעקות הפחד הנאיבי שבוקעות מגרונותיהם של הילדים המשחקים מחבואים", היא התפייטה.

הייתה זו התפאורה המושלמת בעת שבה התמימות הדהדה את סיפורי המקרא ולא את החדשות. "היום ילדים משחקים שוטרים וגנבים מצד אחד

Manar grew up in East Jerusalem and remembered the Old City as the best playground. "The labyrinthine narrow streets and the arched entrances of the houses echoed the screams of the naive fear that exudes from children while playing hide and seek," she waxed poetic.

It was the perfect setup at a time when innocence was echoing biblical stories rather than the news.

"Now kids play rebels and soldiers on one side and terrorists and police on the other, aiming at each other with toy guns from Disney film industry" she lamented. Manar chose to stay in Jerusalem after she graduated from the Hebrew University Law School because, as she later explained, "someone has to defend those kids."

Twenty years later, I'd leave the Middle East because of the violence that had taken over the same persons whose eyes once showed the hope of peace. This flame was extinguished by the flickering light of TV and the never-ending 50-second loop showing nothing but the thirst of the cameraman for blood and tears. These images showed nothing but the cameraman's fake hysteria. These images showed nothing but the easy way back to fear rather than the long and painful trust the assassinated Prime Minister Yitzhak Rabin had built and eventually died for. These images showed nothing but the cynical interests of media serving mere speculation. These images showed nothing, but the Jewish people watched them and filled them (their nothingness) with the stories of the past, the long history of fear that was passed on from generation to generation.

ומחבלים וחיילים מצד שני, ומכוונים אחד על השני אקדחי צעצוע מתעשיית הסרטים של דיסני", קוננה מנאר. היא בחרה להישאר בירושלים לאחר שהש־לימה את לימודי המשפטים באוניברסיטה העברית בגלל ש"מישהו צריך להגן על הילדים האלה".

עשרים שנה אחר כך, אעזוב את המזרח התיכון בגלל האלימות שהשתלטה על אותם האנשים שבעיניהם נצצה בעבר התקווה לשלום. את הלהבה הזו כיבו היבהוב מסך הטלוויזיה ומבזק הדקה האינסופי שלא הראה דבר מלבד צימאונו של הצלם לדמעות ולדם. כל שהראו התמונות הללו הייתה ההיסטריה המזויפת של הצלם. הדימויים האלה לא הראו כלום מלבד הקלות שבפחד, להבדיל מהאמון ארוך הטווח שבנה רבין בכאב ושגבה ממנו את מחיר חייו. התמונות הללו לא הציגו דבר מלבד אינטרסים ציניים של כלי תקשורת המשרתים ספקו־לציה גרידא. הדימויים הללו לא הראו כלום, אבל העם היהודי צפה בהם ומילא אותם (את כלומיותם) בסיפורים מהעבר, מההיסטוריה הממושכת של הפחד שהועברה מדור לדור.

People sitting in nature – or in the close approximation of nature attempted by the state-managed pine-planted parks covering the ruins of destroyed and depopulated Palestinian villages countrywide – around a picnic table in a cheerful mood.
[Israeli folksong melody]

Single male voice:
Fighting for every hill

Refrain all together joyfully:
Only in Israel

Single female voice:
Who'll take you anyway ?

Refrain all together joyfully:
Only in Israel

Single male voice:
There's news all the time

Refrain all together joyfully:
Only in Israel

Single female voice:
That's the way to find a man

Refrain all together joyfully:
Only in Israel

Refrain all together joyfully:
In Shavuot we all eat Tnuva

Refrain all together joyfully:
Only in Israel

Narrator with a deep masculine voice:
Shavuot Tnuva[5],
(an Israeli celebration)

הפסקת פרסומות

אנשים יושבים בחיק הטבע - או בתפאורה המחקה את חיק הטבע שיצרו הגנים הלאומיים ושמורות הטבע על עציהם הנטועים המחפים על הריסות הכפרים הפלסטינים החרבים שרוקנו מיושביהם - מסביב לשולחן פיקניק, במצב רוח עליז.

קול יחיד של גבר שר:
נלחמים על כל גבעה

פזמון כולם שרים יחד:
רק בישראל

קול יחיד של אישה שר:
מי בכלל תיקח אותך ?

פזמון כולם שרים יחד:
רק בישראל

קול יחיד של גבר שר:
חדשות יש כל הזמן

פזמון כולם שרים יחד:
רק בישראל

קול יחיד של אישה שר:
ככה תמצאי חתן

פזמון כולם שרים יחד:
רק בישראל

כולם שרים יחד:
שבועות כולו תנובה

פזמון כולם שרים יחד:
רק בישראל

קריין עם קול גברי עמוק:
שבועות תנובה חגיגה
ישראלית

Market-wise, it turned out that the terror was quite a good deal, perhaps even the deal of the century. People spent their money like there was no tomorrow and the advertisement industry jumped out of the Israeli socialist 'middle ages' propelled by the aesthetics of Eros and Thanatos into the neo-liberal market. Buying cottage cheese was labelled as a national effort, as if the cows care to know whom the grass they chew belongs to. And if that was not a sufficient reason to buy the national product, rest assured that while spreading the paste you will find "the one" with whom you will later celebrate the holiday and procreate more soldiers to defend those hills.

The unemployment problem was solved as every restaurant, café, and bar was obliged to place an armed guard at the entrance, the salary of whom was added to the customer's bill. Slowly the business of security rose and became a flourishing economical sector.

> Wikipedia: Security mostly refers to protection from hostile forces, but it has a wide range of other senses: for example, as the absence of harm (e.g. freedom from want); as the presence of an essential good (e.g. food security); as resilience against potential damage or harm (e.g. secure foundations); as secrecy (e.g. a secure telephone line); as containment (e.g. a secure room or cell); and as a state of mind (e.g. emotional security).

Now security is this banal word we use and hear so often without thinking of it but it has made its way into our nightmares. So much so, that almost any marketing strategy will strike this string.

The 90s represented the unrivalled hegemony of capitalist culture worldwide and there was a name for it: globalization.[6] It was the only state of affairs and locally it turned into the Second Intifada or the Palestinian uprising of 2000-2005, for once again the leaders had agreed not to agree at the expense of civil

מבחינה שיווקית, מסתבר שהטרור היה עסקה משתלמת, אולי אפילו עסקת המאה. אנשים בזבזו כסף כאילו שאין מחר, ותעשיית הפרסומות זינקה קדימה והשאירה מאחוריה את "ימי הביניים" הסוציאליסטיים של ישראל, תוך שהיא מאמצת את האסתטיקה של ארוס ותנטוס אל תוך השוק הניאו-ליברלי. קניית קוטג' מותגה כמאמץ לאומי, כאילו אכפת לפרות למי שייך העשב שהן לועסות על הגבעות. ואם זו לא הייתה סיבה מספיק טובה לקנות תוצרת ישראל, היי סמוכה ובטוחה שבעודך מורחת את הממרח תפגשי את "האחד" שעמו תחגגי מאוחר יותר את החג ותשריצי חיילים נוספים שיגנו על אותן גבעות ממש.

בעיית האבטלה נפתרה כיוון שכל מסעדה, כל בית קפה וכל בר נדרשו להציב שומר חמוש בכניסה, שמשכורתו התווספה לחשבון הלקוחות. בהדרגה הפך עסק הביטחון למגזר משגשג במשק.

> ויקיפדיה: ביטחון לאומי הוא יכולתה של אומה להגן על אזרחיה ועל ערכיה הפנימיים מפני איומים חיצוניים, כגון ארגוני טרור ומדינות עוינות. הביטחון הלאומי מושתת על שלל מרכיבים המקנים למדינה את היכולת להגן על עצם קיומה, על עצמאותה, על חיי תושביה, על שלמותה הטריטוריאלית, על ביטחון הפנים שלה, על מעמדה בקרב אומות העולם, על המאזן הדמוגרפי, על התפיסה האידאולוגית ועל הביטחון היומיומי בגבולות.

"ביטחון" הוא ביטוי בנאלי שאנו משתמשים בו לעתים כה קרובות בלי להקדיש לו כל מחשבה, אבל הוא הצליח להסתנן לתוך סיוטינו. עד כדי כך, שכמעט כל אסטרטגיית שיווק תצליח לפרוט על אותו הנים.

שנות התשעים גילמו את ההגמוניה חסרת המתחרים של תרבות קפיטליסטית כלל-עולמית והיה לה שם: גלובליזציה.[5] זה היה מצב העניינים היחיד, ובזירה המקומית הוא מצא את ביטויו באינתיפאדה השנייה, שכן המנהיגים שבו והסכימו שלא להסכים על חשבון חיי אדם, אבל למי לעזאזל אכפת כשהמשק משגשג! פתאום הם שוב מוגנים מאחורי חומה, ואני תמיד שואל את עצמי, איך קרה שהיהודים שבו והקימו גטאות ? לא ניתן שלא להיזכר בוורשה, לאור העובדה שממשלת ישראל וצבא המגויסים שלה מרעיבים ומדכאים את האוכלוסיה הפלסטינית. הגטו האחר נמצא ממש מעברה השני של אותה חומה אך הוא נותר סמוי מעין, מוסווה בחסות האשליה של השתייכות למערב, שהיהודים עדיין מטפחים. אשליה מסוכנת שמבודדת אותם מהמזרח התיכון ומתרבותו - ומהעדות האנושית לפשעיהם.

> מאז 1967 פותחה שיטה המנסה לאפשר לישראלים ליהנות מכל העולמות: המעסיקים ייהנו מכוח עבודה זול והיצרנים ייהנו משוק

lives but to hell with it, business is booming! Safely barricaded behind a wall, I always asked myself, how come the Jews had yet again created ghettos? One cannot but be reminded of Warsaw, given that the Israeli government with the help of its conscript army starve and oppress the Palestinian population. The other ghetto is to be found right behind the same wall but remains invisible, camouflaged by the illusion of being part of the West, which Jews still nourish. A dangerous illusion that isolates them from the Middle East and its culture – and from the human evidence of their crimes.

> Beginning in 1967, Israel developed a system for eating the cake and having it too: Israeli employers reap the benefit of cheap labor while (Israeli) farmers and manufacturers enjoy a captive market, totally unexposed to competition with Palestinian producers. This requires tight control of the 'Territories'. This is the army's job, and what legitimizes this military-economic control is called 'national security'.
>
> Lev Grinberg, "Economic Envelopment: Three Turning Points in Forty Years of Economic and Military Control", Theory and Criticism 31, Winter 2007, translated by Ami D. Headitor

The growing business of fear was easy for me to witness as an art student. Part of a certain elite, the more I was retrenched from reality the better my art practice became. I looked with envy and admiration at the American minimalists. Our school, and I say 'our' because it is probably the only place where I felt I belonged, was a community of students caught up in a quest for the truest expression the self could produce. Ironically, enough, this truest expression mirrored and boasted the aesthetics and concepts of the Western world. Our teachers taught, and still teach, the same modernist concepts that articulate the cultural imperialism of the tarte tatin, at best, and that of the hamburger.

שבוי, כל זאת בלי להיחשף לתחרות עם הייצור הפלסטיני. לשם כך דרוש פיקוח על אזורי הכיבוש מפני חדירות ל"שטחים" ומהם. זה תפקידו של הצבא, והלגיטימציה לשליטה הכלכלית-צבאית מכונה "ביטחון".

- לב גרינברג, "מעטפת חנק כלכלית: שלוש נקודות מפנה בארבעים שנות שליטה כלכלית-צבאית", תיאוריה וביקורת 31, חורף 2007, עמ' 233-245.

עסק ההיסטריה המשגשג היה גלוי לעיניי כסטודנט לאמנות. בהיותי חלק מאליטה מסוימת, ככל שהתרחקתי מהמציאות כך השתפרה עבודתי האמנותית. הבטתי בקנאה ובהערצה במינימליסטים האמריקאיים. בית הספר שלנו, ואני אומר "שלנו" בגלל שהיה זה כנראה המקום היחיד שאליו הרגשתי שייך, היה קהילה של סטודנטים שנקלעו לחיפוש נלהב אחר הביטוי הכן ביותר של העצמי. אך למרבה האירוניה, הביטוי הכן הזה שיקף את עולם המושגים של המערב והתגאה באסתטיקה שלו. המורים שלנו לימדו, ועודם מלמדים, את אותם המושגים המודרניסטיים שמבטאים את האימפריאליזם התרבותי של הטארט טאטן, במקרה הטוב, ושל ההמבורגר, במקרה הרע.

"בישלת לי את אותה הדייסה, אולי עם קצת פחות אכזבה", אומרת מנאר, "כאן לפני עשרים שנה, בקפה שטעטל, כשישבת על אותו כיסא בדיוק". "נו, נראה לי שאני תקוע במעגל קסמים משל עצמי, בלי רצון להיחלץ ממנו", אני משיב ועיניי ברצפה.

"You served me the same tirade, maybe with less disillusion," says Manar, "twenty years ago, here at the Shtetl Cafe while sitting on this exact same chair."

"Well, I guess I'm stuck in my own vicious circle without the will to break it," I answer while looking at the floor.

III

A moment later. Night, the Shtetl Café.

Tweetu returns from the toilets and stands in bewilderment with his fly still open in front of the TV set showing a journalist holding a microphone for Channel 13.

"In South Tel Aviv, the top floor of a building, which housed the art collection known as the Reservoir, is going up in smoke, as we speak."

"It is yet unclear if this is an accident or a terrorist attack", says the detective from the Tel Aviv District, and proceeds to inform the journalists crowding around the fabulous flames that an investigation has been initiated.

Bored, the bartender switches to a sports channel; Tweetu runs out of the café.

"Where are you going? What Happened? A bombing? And who is going to pay for that bottle again?" shouts Manar at the vanishing Tweetu. As she looks up, she sees a column of dark smoke rising skyward above the buildings.

A second later.

Passing by, on the pavement near the terrace of the Shtetl, a group of women talk in earsplitting voices. Their age? It depends on the skills of their surgeon for the richer ones and on the creativity of their hairdresser for the less well off: the 'aunties', probably on the way to the 'barbecue' at the Reservoir, stopped in front of the Shtetl. One of them had spotted the smoke in the sky... ☛ (05) (06)

All of a sudden, in a sort of fury made of fear and inexplicable delight, one of the aunties pulls the text of Ilit Azoulay's exhibition the opening of which they had just attended and starts whispering to herself:

"The hunter would have been" —the others follow in a bizarre incantation forming a choral — "the first 'to tell a story' because he alone was able to read, in the silent, nearly imperceptible

ג.

רגע אחד לאחר מכן. לילה, קפה שטעטל.

[טוויטו חוזר מהשירותים ורוכסנו עדיין פתוח. הוא נעמד בתדהמה מול מסך טלוויזיה שממנו ניבטת כתבת האוחזת במיקרופון של ערוץ 13.]

"בדרום תל אביב פרצה הבוקר אש בקומה העליונה של הבניין בו אוחסן אוסף האמנות המכונה 'המאגר', והיא עולה כעת, ממש ברגעים אלה, בלהבות. עשן כבד אופף את הבניין."

"עדיין לא ברור אם מדובר בתאונה או בפיגוע", אומר הבלש ממחוז תל אביב, ולאחר מכן מיידע את העיתונאים המצטופפים סביב הלהבות המרהיבות שנפתחה חקירה.

[הברמן המשועמם מעביר לערוץ ספורט; טוויטו רץ אל מחוץ לבית הקפה.]

"לאן אתה רץ? מה קרה? זה פיגוע? ומי הולך לשלם הפעם על הבקבוק הזה?" צועקת מנאר על טוויטו הנעלם באופק.

כשעיניה נישאות מעלה, היא רואה עמוד עשן שחור מיתמר השמיימה מעל הבניינים.

[שנייה לאחר מכן]

על המדרכה בסמוך לחצר השטעטל חולפת קבוצה של נשים המדברות בקולי קולות. גילן? ובכן, זה תלוי במיומנות המנתח במקרה של העשירות שבהן וביצירתיות מעצב השיער במקרה של המבוססות פחות: אלו הן "הדודות", ככל הנראה בדרכן ל"על האש" במאגר. הן נעמדות מול השטעטל. אחת מהן זיהתה את העשן שברקיע... ☛(05)(06)

לפתע פתאום, אחת מהן שולפת את טקסט התערוכה של עילית אזולאי, שבפתיחתה השתתפו זה עתה, ומתחילה ללחוש לעצמה:

"הצייד היה..."

[האחרות מלחשות אחריה במקהלה במעין מזמור מוזר]

"... הראשון 'לספר סיפור' כיוון שהוא לבדו יכול היה לקרוא בַעקבות השקטים והבלתי נראים כמעט שהותיר טרפו רצף קוהרנטי של מאורעות. 'פענוח' או 'פרשנות' של עקבות בעלי חיים - אלו הן מטפורות. יחד עם זאת, ניסינו לקראן כפשוטן, כדחיסה המילולית של תהליך היסטורי שהביא אותנו, אולי בחלוף משך זמן רב, להמצאת הכתב." [6]

"קרלו... גינצבורג...", היא חותמת ברצינות תהומית, ולוחצת את הנייר אל שדי הסיליקון שעמוק מאחוריהם פועם ליבה.

רגע זה של אקסטזה הפך פתאום לתבהלה גמורה כאשר, בחסות זעקת

tracks left by his prey, a coherent sequence of events. 'To decipher' or 'to read' animal tracks are metaphors. We have tried, however, to take them literally, as the verbal condensation of a historical process that has brought us, perhaps over a long span of time, to the invention of writing.[7]

"Carlo... Ginzburg..." she solemnly concludes, pressing the paper against the silicon bosom deep behind which her heart is pounding.

This moment of ecstasy suddenly turns into utter panic while, muted by the loud sirens of the firefighters, their faces are disfigured beyond the scalpel's mutilations.

הסירנות של רכבי הכיבוי איננו שומעים, את פניהן המתעוותים מכאבי העוולות שעולל להם האיזמל.

IV

On how to conduct an investigation in the Middle East. A few blocks away. Under the yellow streetlights of Salame Street, in front of the smoking building.

"Hey! Are you really going to investigate this case?" she asks while catching up with the detective, still brandishing the microphone.

"Of course!"

"Isn't that a waste of time? After all, who cares about culture in this country anymore, let alone about the collection of a bunch of mostly obscure artists?"

"That is a good question and that is precisely why I intend to investigate this case. If someone took the risk of burning this entire complex, he must have had a solid motive, one that escapes my understanding – and yours, obviously, dear Naama."

Unperturbed, the reporter retorts, "So you confirm that the motive is criminal?"

"A journalist you are and always will be..." smiles with familiarity.

"Any leads so far?"

In a professional tone: "The most intriguing piece of evidence we have so far is related to a certain Matt Montini. No one knows who he is or where he comes from. Yonathan Vinitsky, another artist, placed one of Montini's works on loan in the Reservoir. Vinitsky stated that Montini had tragically found his death while choking on falafel (deep-fried chickpea patty) and that he, Vinitsky, is in charge of his estate." ☛ (07)

"So did you find this Vinitsky guy?"

"He reportedly lives in Paris with his wife and children. We contacted him but he refused to answer our questions – so far. For reasons that are yet unclear, he mentioned a certain Tamir Lichtenberg. If Montini's work looks like a page from a scrapbook that was doodled absentmindedly by someone speaking on the phone, Lichtenberg's carefully translated an action

ד.

אמנות החקירה במזרח התיכון. כמה רחובות משם. מתחת לאורות הרחוב הצהובים של רחוב סלמה, מול הבניין העשן.

"הי! אתה באמת הולך לחקור את התיק הזה ?" היא שואלת תוך שהיא משיגה את הבלש, עדיין מנופפת במיקרופון.

"כמובן!"

"זה לא בזבוז זמן ? כאילו, למי בכלל עדיין אכפת מתרבות בארץ הזאת, שלא לדבר על האוסף של חבורת אמנים שבקושי מישהו שמע עליהם ?"

"זו שאלה טובה, וזו בדיוק הסיבה שבגללה אני מתכוון לחקור את התיק הזה. אם מישהו לקח את הסיכון של לשרוף את כל המתחם הזה, בטח היה לו מניע רציני, כזה שאני לא יכול להעלות כרגע על דעתי - וגם את לא על דעתך, כמובן, נעמה יקרה."

הכתבת לא מתבלבלת ועונה:

"אז אתה מאשר שהמניע פלילי ?"

"עיתונאית היית ועיתונאית נשארת."

[מחייך חיוך של היכרות]

"יש לכם רמזים ?"

[בטון מקצועי]: "הראיה המסקרנת ביותר שגילינו עד כה קשורה לאיזה מאט מונטיני אחד. אף אחד לא יודע מיהו או מאיפה הוא בא. יונתן ויניצקי, אמן אחר, השאיל את אחת היצירות של מונטיני למאגר. ויניצקי הצהיר שמונ־טיני מצא את מותו בנסיבות טראגיות כשנחנק בשל כדור פלאפל, ושהוא, ויני־צקי, מופקד על צוואתו." (07)

"אז מצאתם את הוויניצקי הזה ?"

"ידוע לנו שהוא מתגורר בפריז עם אשתו וילדיו. יצרנו איתו קשר אבל הוא סירב להשיב לשאלות שלנו - עד כה. מסיבות שעדיין אינן ברורות, הוא הזכיר תמיד ליכטנברג אחד. בעוד שהיצירה של מונטיני נראית כמו עמוד מאלבום הַדבקות שמישהו קישקש עליו בהיסח הדעת תוך כדי שיחת טלפון, היצירה של ליכטנברג תירגמה בקפידה פעולה לשפת המילים: על נייר, הוא כתב 'שפה עליונה', ומעט מתחתיה, 'שפה תחתונה'."

"נשיקה ? נשיקת מוות אולי ?"

"ליכטנברג גם הותיר מאחוריו מדחום במאגר. ברפרודוקציה מצולמת של אותה יצירה המדחום מראה 28 מעלות, כלומר שבע מעלות מעל הטמפרטורה המקובלת בשימור יצירות אמנות. מאוחר יותר, נודע שאותו מדחום נעלם."

into words: on paper, he wrote 'upper lip' and slightly under it, 'bottom lip'."

"A kiss? A kiss of death perhaps?"

"Lichtenberg also left a thermometer in the Reservoir. On the photo reproducing that work, it shows 28 degrees, which are seven degrees above the artefact conservation norm. Later, the thermometer was reported missing."

"What are you looking for? I mean, I'm pretty sure that sooner or later your boss will tell you to drop the case for 'lack of public interest'."

"Maybe. But until he does, I will investigate! Perhaps an artist concluded that the burning of the Reservoir might be a work of art in its own right – Yaacov Mishori-style. This makes me all the more eager to discover how and why she or he did this. You know what happens to me when my hunter instinct is ignited."

She smiles and pretends to turn off the microphone.

"You know that your investigation actually documents the work. If, as you think, it was a deliberate work of art, right? Would that not also make your investigation a work of art?"

"At last, you are talking some sense! As a journalist, you are hardly after anything else but catering to the crowds under the guise of informing them! And yes, when I catch this pyromaniac I'm sure my investigation would become part of a catalogue of some sort."

"Am I spotting artistic ambitions? A forensic work of art!" Naama says, pretending to sound like a man shouting to inform the crowd of an important piece of news.

"Stop that! says the detective trying to lower her voice."

"Well it is in vogue, so you stand a chance to attract some attention. Perhaps I write an article about you when this is all solved: 'Once a detective, now a successful artist'?" says Naama with a condescending smile.

"After all, it worked for architects, so why not for the cops? Any leads so far?"

Sound from his police car. He turns around and enters it.

"Is this really where your passion lies? I believe your only

"מה אתה מחפש ? זאת אומרת, אני די בטוחה שבמוקדם או במאוחר הבוס שלך יאמר לך לרדת מהתיק עקב 'העדר עניין לציבור'."

"אולי. אבל עד שזה יקרה, אני אמשיך לחקור! אולי אמן אחד הגיע למסקנה שהעלאת המאגר באש תהיה יצירת אמנות בזכות עצמה - סטייל יעקב מישורי. זה רק מחזק אותי בנחישותי לגלות כיצד ומדוע היא או הוא עשה את זה. את יודעת מה קורה לי כשמתעורר בי הצייד שבתוכי."

היא מחייכת ומעמידה פנים כאילו היא מכבה את המיקרופון.

"אתה יודע שהחקירה שלך, למעשה, מתעדת את היצירה. האם אתה סבור שזו הייתה יצירת אמנות מכוונת ? האם זה לא יהפוך גם את החקירה שלך ליצירת אמנות ?"

"סוף סוף את מדברת בהגיון! בתור עיתונאית, רוב הזמן את פשוט מחזרת אחרי ההמונים במסווה של זכות הציבור לדעת! וכן, כשאתפוס את הפירומן הזה, אני בטוח שהחקירה שלי תהפוך לחלק מקטלוג מסוג כלשהו."

"האם אני מזהה שאיפות אמנותיות ? יצירת אמנות פורנזית!"

אומרת נעמה, ומשווה לקולה טון של אדם הצועק כדי לבשר לקהל על ידיעה חשובה.

"תפסיקי!"

אומר הבלש ומנסה לגרום לה להנמיך את קולה.

"טוב, זה באופנה עכשיו, אז אתה ללא ספק תמשוך תשומת לב. אולי אני אכתוב עליך כתבה אחרי שהכל יפוענח: 'פעם בלש, היום אמן מצליח' ?" אומרת נעמה בחיוך מתנשא.

"אחרי הכל, זה עבד לאדריכלים, אז למה שזה לא יעבוד לשוטרים ? יש לכם רמזים ?"

[קול נשמע מהניידת שלו. הוא מסתובב ונכנס אליה.]

"זה מה שעושה לך את זה ? נראה לי שהאינטרס היחיד שלך הוא לקדם את עצמך על חשבון האמנים המסכנים האלה שאת "מבקרת". את ציניקנית, פשוטו כמשמעו. המניעים שלך מאוד רחוקים משלי.

"קודם כל, השיחה הזאת לא מוקלטת."

[נוגעת במיקרופון כדי לוודא שהוא עדיין מופעל.]

ושנית, אל תשכח שאני כתבת שעוסקת בתרבות ובאמנות חזותית - אז מצד אחד אני מכירה את הז'רגון, ומצד שני, אין לך מה לפחד: אני לא עיתונאית פוליטית."

"אז למה הסיפור הזה מדליק אותך ?"

"אני עדיין עיתונאית. ואם אתה באמת רוצה לדעת, אני באופן אישי בזה לבאאד הזה ולמאגר שלו. התאמצתי להתעלם מהם."

"איך זה יכול להיות ? את אחת מיפי הנפש האלה שמצטופפים סביב מדורת

interest is to promote yourself at the expense of those poor artists you 'criticize'. You're a cynic, pure and simple. Our motives couldn't be more different."

"Well, first, we are off the record"— touches the microphone to make sure it's still on — "And second, please don't forget that I'm a columnist writing about culture and visual art - so on the one hand I know the lingo, and on the other, you have nothing to fear: I'm no political journalist."

"So how come you are all lit up with this story?"

"I am still a journalist. And if you really want to know, I personally despise this BAAD place and its Reservoir. I have done as much as I could to ignore them."

"How come? You are one of those bleeding hearts gathering around the ebbing fire of communism. This place did try to promote equality between the artists, the curator, the workers, and the Bezalel Academy. Surely, you knew that?"

"I beg to differ. I for one saw it as a bunch of privileged people inviting their friends to the party since all of a sudden they had access to the mainstream: 'Opportunist hipsters!'" Angrily, more than could be expected.

"Interesting... Where were you earlier this evening, say... between five and six o'clock?" ☛ (08) (09)

She laughs, tries to laugh him off, and at the same time reaches for the mike to really turn it off.

"By the way officer Elchmannyahu, I'm not sure it is the scientific way of the forensic experts that ought to be pursued in this case. Although it is true that the modern methods of police work would call for a scientific analysis of the burned building and the carbonized artefacts, but in this case, it is about a community of people, a rather small one, I believe, simple discussions are bound to lead you to the person you are looking for."

"Once a journalist, now a detective..." laughs Elchmannyahu.

הקומוניזם הדועכת. המקום הזה באמת ניסה לקדם שוויון בין האמנים, האוצ־רים, העובדים ובצלאל. את הרי יודעת את זה..."

"הרשה לי לחלוק עליך. מה שאני ראיתי זה חבורה של פריבילגים שהזמינו את החברים שלהם למסיבה בגלל שפתאום הייתה להם גישה למיינסטרים: היפ־סטרים אופורטוניסטיים!" [בכעס, יותר מכפי שניתן היה לצפות.]

"מעניין... איפה את היית מוקדם יותר בערב, נגיד... בין חמש לשש ?"

(08)(09)

היא צוחקת, מנסה להסיח את דעתו בצחוקה, ובה בעת שולחת אצבע אל המיקרופון כדי לכבות אותו באמת.

"דרך אגב, רב-פקד אלכמניהו, אני לא בטוחה שהגישה המדעית של מומחי מז"פ היא הגישה המתאימה במקרה הזה. נכון אמנם שהשיטות המודרניות של עבודת משטרה מחייבות ניתוח מדעי של הבניין השרוף ויצירות האמנות המפו־חמות, אבל במקרה זה מדובר בקהילה של אנשים, קהילה די קטנה, נראה לי, ולכן די בשיחות פשוטות כדי להוביל אותך לחשוד שאתה מחפש."

"פעם עיתונאית, עכשיו בלשית", צוחק אלכמניהו.

V

Where we learn about art's collusion with the institutions. The same night. Police HQ in Jaffa, not far from the burned-down building.

In an office, the detective is slowly pacing around Tweetu who is seated on the chair behind the desk.

"So..."—now in a calmer voice— "Mr. Tweetu. Did you burn the Reservoir and the BAAD down?"

"In a way, from a certain perspective, I did..." Tweetu answers enigmatically.

"Excuse me?" says the detective, a little incredulous and almost disappointed by the swiftness and ease of this confession.

"In a way, from a certain perspective, I did. After three years of running the BAAD project under Bezalel, I could no longer stand the humiliation inflicted by such a hierarchic, hegemonic institution."

"In Hebrew, please?"

"Highbrow hype aside, that institution actually has very little to offer. In a place like Israel, culture is but a pebble in the shoe of the establishment supposedly supporting it. So the budget is tiny and those in charge of allocating it keep the lion's share for themselves. Artists are easy to fool because they are passionate about what they do and are satisfied with illusions. For instance, the majority of artists strive to be part of academia: it provides them, as lecturers, with a monthly income but mostly with the lure of an arcane artistic discourse, which they sustain in endless talks during the ritual they call 'critique'."

"You too are on the payroll, as far as I know."

"Payroll is a code name for another ritual thrown up every year by the Ministry of Education bosses. In order to beef up their own paychecks, at the end of the academic year they fire the junior lecturers, some of them working for decades, only to rehire them back at the beginning of the next. This way they save months of salary and prevent the lecturers from being eligible for unemployment insurance, for one of the requirements

ה.

כעת למדים אנו שהאמנות והמוסדות שותפים לאותו דבר עבירה. אותו הלילה. מטה המשטרה ביפו, לא רחוק מהבניין השרוף.

[במשרד, הבלש מתהלך לאיטו מסביב לטוויטו, שיושב על כיסא מאחורי השולחן.]

"אז... " ,כעת בקול רגוע יותר, "מר טוויטו האם שרפת את המאגר ואת הבאאד ?"

"אפשר לומר, מבחינה מסוימת, שכן..." עונה טוויטו וחידה בקולו.

"חזור שנית ?" שואל הבלש, מתקשה להאמין וכמעט מאוכזב מהמהירות והקלות שבה נפל לידו הווידוי כפרי בשל.

"אפשר לומר, מבחינה מסוימת, שכן. אחרי שלוש שנים בהן ניהלתי את פרויקט באאד תחת בצלאל, כבר לא יכולתי לשאת את ההשפלה שעולל מוסד הגמוני היררכי כל כך."

"אפשר את זה בעברית ?"

"מעבר ללהג של תרבות עלית, אין למוסד הזה בעצם הרבה מה להציע. במקום כמו ישראל, התרבות אינה אלא קוץ בבשרו של הממסד שתומך בה כביכול. אז התקציב זעום והאחראים לחלוקתו שומרים את חלק הארי לעצמם. קל להונות אמנים בגלל שהם מסורים בלב ובנפש לעבודתם ומוכנים להסתפק באשליות. לדוגמא, רוב האמנים משתוקקים להיות חלק מהעולם האקדמי: זה מקנה להם הכנסה חודשית כמרצים, אבל בעיקר מספק את הפיתוי לשיח אמנותי שעבר מן העולם, אותו הם משמרים באינספור שיחות במהלך הפולחן אותו הם מכנים 'ביקורת'."

"גם אתה מקבל תלוש, ככל הידוע לי."

"תלוש זה קוד לפולחן אחר שמקיימים האחראים במשרד החינוך בכל שנה. כדי לנפח את התלושים שלהם עצמם, בסוף שנת הלימודים הם מפטרים את המרצים הזוטרים, שכמה מהם עובדים כבר כמה עשרות שנים, ואז מעסיקים אותם מחדש בתחילת השנה הבאה. כך הם חוסכים חודשים של משכורות ומונ־עים מהמרצים זכאות לדמי אבטלה, כיוון שאחת מהדרישות לקבל דמי אבטלה היא לעבוד שנה וחצי ברציפות. וכך הם מבטיחים שהמרצים (האמנים) ימשיכו לריב בינם לבין עצמם על הפירורים באינטריגות אינסופיות של תקיעת סכין בגב."

"אז זעמך בער בך על כך שבבצלאל מפטרים את המרצים עד כדי כך שהיית מוכרח להעלות את המאגר באש ?"

is to work for 18 months in a row. And this is how they keep the lecturers (artists) fighting over the crumbs in endless backstabbing intrigues."

"So you were so fired up about Bezalel firing the lecturers that you had to set the Reservoir on fire?"

"Very poetic! Have you ever considered becoming a critic yourself? Well, in a sense, you are right. I tried to burn Bezalel down from within. In the end, I burnt the midnight oil myself, working 15 to 16 hours every single day of the week. The institution would not spare more hours for an additional academic position, so the workload became unbearable. In a way, I thank the poor bastard who burnt the place down in the tangible sense, for I could never muster the courage to do such a thing."

"So you are happy that all those precious works actually went up in smoke? Is it all just one big illusion for you? I mean, it seems that you are also stupidly passionate about what you are doing, aren't you?"

"Passion, yes, but certainly not any illusion. I mean, I'm completely dispassionate as far as 'local' art is concerned. Take a look at the overwhelming majority of the exhibitions of this past year, in museums and even including galleries, you will find only a cynical use of the local which they project onto borrowed Western aesthetics. At best, it becomes a reflection of their alienated, globalized selves, which they think is enough to make their work 'local'. So no! I do not subscribe to this business of illusion or to these aesthetics which function as a sort of camouflage – a smokescreen, if you will (smiles as he also waxes poetic). As a result, the Western imperialism once more defines the context and confines it to what filters to their news, which is a very narrow understanding of the Israeli-Palestinian conflict. This instrumentalization translates into an estrangement of the local artists to their own context and some, if not physically, appear to live in LA, others in London or Berlin remotely addressing their own context as they are mired too deep in their academic swamp. And honestly, if I could, I would do the same, for it is hopeless here."

"מאוד פואטי! שקלת אי פעם קריירה בתור מבקר אמנות? במובן מסוים, אתה בהחלט צודק. ניסיתי לשרוף את בצלאל מבפנים. בסוף, שרפתי לעצמי את הנשמה, עבדתי 15 עד 16 שעות בכל יום בשבוע. המוסד לא היה יכול להקצות עוד שעות למשרה אקדמית נוספת, ועומס העבודה נהיה בלתי נסבל. במובן מסוים, אני מודה לטיפוס האומלל ששרף את המקום במובן החומרי של המילה, כיוון שאני מעולם לא הייתי מסוגל לאזור את האומץ לכך."

"אז אתה מרוצה שכל היצירות המופלאות הללו עלו באש? בשבילך זה הכל אשליה אחת גדולה? נראה לי שגם בך בערה תשוקה אידיוטית כזו, שגם לך יש נפש של אמן?"

"תשוקה כן, נפש, ועוד איך, אבל בטח לא אשליה. זאת אומרת, אני התפכחתי מכל אשליה בנוגע לאמנות ה"מקומית". תסתכל על הרוב המכריע של התערוכות של השנה האחרונה במוזיאונים ואפילו בגלריות, ותמצא רק שימוש ציני במקומי שמסתמך על אסתטיקה מערבית שאולה. במקרה הטוב, זה נהיה שיקוף של העצמי המנוכר שלהם, שעבר גלובליזציה, והם חושבים שדי בכך כדי להפוך את העבודה שלהם ל"מקומית". אז לא! אני לא משלה את עצמי, ואינני נופל בפח האסתטיקה הזו המתפקדת כמעין הסוואה - מסך עשן, אם תרצה [מחייך, עכשיו משחק המלים הוא שלו]. כתוצאה מכך, האימפריאליזם המערבי שוב מגדיר את ההקשר ומגביל אותו למה שמצליח להסתנן למהדורות החדשות, כלומר להבנה צרה מאוד של הסכסוך הישראלי-פלסטיני. האינסטרומנטליזציה הזו מיתרגמת לניכור של האמנים המקומיים, להתרחקותם מההקשר שלהם עצמם, ונדמה שכמה מהם חיים, גם אם לא פיסית, בלוס אנג'לס, בלונדון או בברלין, ומתבוננים מרחוק בהקשר שלהם עצמם מתוך הביצה האקדמית שבה הם שקועים עד צוואר. למען האמת, לו יכולתי הייתי עושה את אותו הדבר, כי אין כאן תקווה."

"האם יש אמן ישראלי כלשהו מהאקדמיה שיוכל לומר שאינו מפחד להביט במציאות ישר בפנים?"

"יש כמה אמנים, אבל גם הם משתפים פעולה עם ההזיה הגלובלית, בתמורה לשמץ תהילה. ביסודו של דבר, רבים מהם פשוט מציירים את מה שהמערב רוצה לראות."

"אתה סותר את עצמך. כיצד היה המאגר שונה מכל השאר? ככלות הכל, הוא נתמך על ידי בצלאל. אתה לא חושב שצריך למוטט את כל מגדל בבל?"

"כשדחפתי את הפרויקט הזה במסדרונות האינסופיים של הבירוקרטיה הבצלאלית, הרגשתי שהדבר הראשון שצריך לעשות הוא למוטט את ההירכיה ולטשטש את הגבול בין "האקדמיים" והלא-אקדמיים. כמה מאלה ששייכים לקטגוריה האחרונה עובדים מהמחתרת, אחרים הם פשוט חובבים עם תשוקה בוערת ליצור..."

"Is there any Israeli artist from the academy that you would say is not reluctant to look at reality straight in the face?"

"There are some, but they too play along with the global fad, in return for a little more fame. Basically, many of them simply paint what the West wants to see."

"You contradict yourself. How was the Reservoir different from the rest? After all, it was supported by Bezalel. Shouldn't the entire Babylonian Tower be brought down?"

"As I was pushing this project through the meandering Bezalel bureaucracy, I felt that the first thing to do was to bring down the hierarchy and blur the boundary between the so-called 'academic' and the non-academics. Some in the latter category are working from the underground, others are simply amateurs with a burning desire to create—" ☛ (10)

"Give me the names of those pyromaniacs!" the detective interjected with a voice that wanted very much to sound intimidating—

"For me it is all the same, since there is no longer such a thing as the 'canonical' or 'masterpiece', but only documents. When taken in this larger context any object is interesting and potentially points at the reality that created it. The work of the academically trained artist is easier to read for it is packed with references to art history but that makes it a lot less accurate at pointing to their direct working conditions and social environment."

"I am not sure I can agree, the use of found objects is very common in Israeli art and it points at what Sarah Breitberg Semel labeled as *The Want of Matter*, no?"

"Chapeau! Are you sure you're just a cop? How come you know about that theory?"

"My brother in law was an artist."

"May I ask what his name is?"

"Yaari. Sharon Yaari," the detective answered to the tune of "Bond. James Bond".

"Ah, OK! *The Want of Matter*," Tweetu immediately continued with a distant intellectual tone, turning into anger as he refers

"... תן לי את השמות של הפירומנים האלה." (10)

קטע הבלש את דבריו בקול שמאוד השתוקק להישמע מרתיע...

"... מבחינתי זה לא משנה, בגלל שכבר אין דבר כזה "קנון" או "יצירת מופת", יש רק מסמכים. כשמסתכלים על זה בהקשר הרחב יותר הזה, כל חפץ הוא מעניין ועשוי להצביע על המציאות שיצרה אותו. קל יותר לקרוא את עבודתו של האמן שעבר הכשרה אקדמית כיוון שהיא עמוסה ברפרורים לתולדות האמנות אבל זה הופך אותה להרבה פחות מדויקת כהפניה, כהצבעה על תנאי העבודה הישירים של אותם אמנים, לא כל שכן אל סביבתם החברתית."

"אני לא לגמרי מסכים איתך, השימוש בחפצים מן המוכן נפוץ מאוד באמנות הישראלית והוא מעיד על מה ששרה ברייטברג סמל כינתה "דלות החומר", לא ?"

"כל הכבוד! אתה בטוח שאתה רק שוטר ? מאיפה שמעת על התיאוריה הזו ?"

"גיסי היה אמן."

"אפשר לדעת איך קוראים לו ?"

"יערי. שרון יערי," ענה הבלש למנגינת "בונד. ג'יימס בונד".

"אה, בטח! "דלות החומר", המשיך טוויטו מייד בטון של ריחוק אינטלקטואלי, שהפך לזעם בהזכירו את יערי.

"היא תיאוריה אשכנזית לבנה טיפוסית התומכת במיתוס הציוני של הנוף התרבותי השומם של מה שהיה אז פלשתינה. זה בטח אף פעם לא עלה על דעתו של השמוק הזה, הגיס שלך. מה הוא עושה עכשיו, דרך אגב ?"

"הוא התפטר מהאקדמיה ועכשיו הוא עובד איתנו כצלם משטרתי."

"בטח לא היה קל בשבילו להוריד את המצלמה שלו לרמת המצולמים. אני תוהה אם זה הפך אותו לקצת פחות ציני. לפחות הסטודנטים כבר לא חייבים לסבול מהערות שהוא היה יורק, פשוטו כמשמעו, מהפודיום המתנשא שלו. כך גם באשר לעבודת הצילום שלו, [כעת נדמה שטוויטו מצטט בקול רם מתוך טקסט] שמציבה לא פעם את המצלמה גבוה מקומת האדם, הוא הסתכל מלמעלה על המיטה של בן-גוריון ועל ההיסטוריה, הוא הסתכל מלמעלה על המרחב החברתי של שדרות ירושלים, והוא הסתכל מלמעלה על העמקים שבהם הוא חלף בבטחה, בתוך מכוניתו, על פני חומה, החומה בהא הידיעה, או שהוא הסתתר מאחורי עץ או צמח או מאחורי הסלולרי שלו תוך שהוא מרצה. הסטודנטים היו מתחריו העתידיים ועל כן הוא שמר מהם דיסטנס, ואף פעם לא שבר את הדיסטנס, כמו שאומרים בצבא. סוג של התעללות בילדים, האמת. הוא מאושר עכשיו ?"

"מה שתגיד, טוויטו! מה רצית לומר על התיאוריה של סמל ?"

"התיאוריה של סמל מצביעה על סוג של מלנכוליה. האדרת החפץ המצוי

to Yaari, “is a typically white European-Jewish theory supporting the Zionist myth of the deserted cultural landscape of what was then Palestine. This probably never occurred to your shmuck of a brother in law. What is he doing now, by the way?”

“He resigned from the academy and works with us as a police photographer.”

“That mustn’t have been easy for him to lower his camera to the level of his subjects. I wonder if that made him a little less cynical. At least students no longer have to suffer the remarks that he would spit out, literally, from his authoritative teaching position. Same goes for his photography,” —Tweetu seems to quote from a text out loud— “often positioning the camera higher than a human being, he looked down on Ben-Gurion’s bed and history, he looked down on the social space of Jerusalem Boulevard , he looked down on the valleys where in the safety of his car he passes by a wall, the wall, or else he hid himself behind a tree or a plant or behind his cellphone when he taught. Students were his future competition and so he kept his distance, a distance he never would break, as they say in the army. A form of child abuse, really. Is he happy now?”

“Whatever you say, Tweetu! What was your point about Semel’s theory?”

“Semel’s theory points at a sort of melancholy. Exalting the found object, an ode to Tel Aviv, the White City, the secular city, as opposed to a transcendental sublimation more typical of the Jerusalem-based artists who would use more ‘noble’ materials, she posits a sort of materialistic approach: the want of matter as a sort of recycling without naming it.”

“I suppose it was no easy stance to take in the Israel of the 80s...”

“Well, actually it was. She often refers to the kibbutz elite as a sort of justification for her materialistic approach: the cultivation of the land from which some of the artists originated. The kibbutzim, then seen throughout the world as a successful implementation of socialist ideals. Notoriously anti-religious, they had a very powerful cultural influence.”

Yaari enters the room.

מן המוכן, שיר הלל לתל אביב, העיר הלבנה, החילונית, בניגוד לסובלימציה הטרנסצנדנטלית המאפיינת יותר את האמנים הירושלמיים, המשתמשים בחומרים "נאצלים יותר" - כל אלה הם חומרי גלם לגישתה החומרנית: דלות החומר כמעין מיחזור שאין מכנים אותו כך."

"אני מתאר לעצמי שזו לא הייתה עמדה פשוטה בישראל של שנות השמונים..."

"דווקא כן, האמת. היא מתייחסת לא פעם לאליטה הקיבוצית כאל מעין הצדקה לגישתה המטריאליסטית: עיבוד האדמה שממנה צמחו כמה מהאמנים. הקיבוצים, שנדמו אז בכל רחבי העולם כיישום מוצלח של אידיאלים סוציאליסטיים, ידועים לשמצה בקיצוניותם האנטי-דתית, בעוד שנודעה להם השפעה תרבותית עצומה."

יערי נכנס לחדר.

"תראו, תראו מי בא", אומר טוויטו.

"האין זה דושאן דה בולון בכבודו ובעצמו![7] גיסך זה עתה סיפר לי שהצטרפת לשורות שומרי החוק. המדים דווקא הולמים אותך", אומר טוויטו בטון נשי במתכוון.

"יא פירומן חוצפן קטן! אם נדמה לך שאתה יכול לדבר אליי ככה אתה טועה."

"כן המפקד!"

[נעמד, מתמתח, מצדיע ומצמיד את רגליו.]

"ככה יותר טוב. עמוד נוח."

"מה קורה אחי ?", שואל הבלש.

"התמונות של הילדה הקטנה מוכנות."

"אוקיי, אני אגמור עם הטוויטו הזה כאן ואבוא לראות את הצילומים."

"ילדה קטנה ? ? ?", שואל טוויטו, כעת בטון רציני לגמרי.

"לרוע המזל, תל אביב היא עיר ככל הערים." נאנח אלכמניהו.

"שיר הלל לעיר הלבנה, עאלק." (11) (12)

"אבל תמשיך, תגמור עם ה"תיאוריה" שלך [מסמן מירכאות באוויר], כדי שאוכל להתפנות לעניינים דחופים יותר."

"רוב האמנים עזבו את הקיבוץ לטובת האינדיבידואליזם היחסי שעיר כמו תל אביב יכולה הייתה להציע להם. אישית, אני רואה במעבר הזה שבר יותר מאשר המשכיות, מה שמעמיד בסימן שאלה את הגישה המטריאליסטית שסמל ביקשה לקדם."

"אז מה אתה בעצם טוען ?"

"היא מזהה בעבודה של רפי לביא קווי דמיון לעיר: 'זו עיר בלי פוקוס - אין כותל, אין חומה, אין אוגוסטה ויקטוריה - כציוריו של לביא'."[8]

"Well, well, look who's here," says Tweetu, "if it's not our new Duchenne de Boulogne![8] Your in-law just told me you had joined Tel Aviv's finest. The uniform fits you quite well actually, says Tweetu with a deliberately effeminate tone."

"You little insolent pyromaniac! If you think you can talk to me this way you are wrong."

"Yes, sir!"

Snaps to attention, salutes and locks feet together.

"That's more like it. At ease, soldier."

"Yes, bro?" inquires the detective.

"The photos of the little girl are ready."

"OK, I'll finish with the Tweetu here and will come to see those shots."

"Little girl?" asked Tweetu, now in a completely serious tone.

"Unfortunately, Tel Aviv is a city like any other," sighs Elchmanyahu.

"So much for the Ode to the White City." ☛ (11) (12)

"But go ahead, finish with your 'theory', (air quoting), so that I can take care of more pressing matters."

"Most of the artists left the kibbutz for the relative individualism a city like Tel Aviv could offer. I personally see in this move a rupture rather than a continuation, which questions the materialistic approach Semel wished to put forward."

"What's your point then?"

"She recognizes in Rafi Lavie's work similarities to the city: 'it is a city without focus (no Western Wall, no city walls, no Augusta Victoria), just like Lavi's paintings.'" [9]

"But what does she mean by lack of focus? Does she refer to his intentional lack of perspective?"

"Probably, but then why refer to a technique developed in the West rather than to the nearer Middle-Eastern tradition of painting? In Persian miniatures, for instance, figures seemingly follow a centrifugal movement across a pictorial plain structured by graphic patterns. In a less scholarly approach, I prefer looking at Lavie's work as pieces of the streets from a city peeling off under 32°c of crushing heat. Pieces from Tel Aviv to

"אבל למה היא מתכוונת כשהיא אומרת שאין פוקוס ? האם היא מתייחסת להעדר הפרספקטיבה המכוון שלו ?"

"כנראה, אבל אז מדוע להתייחס לטכניקה שפותחה במערב ולא למסורת הציור המזרח-תיכונית הקרובה יותר ? במיניאטורות הפרסיות, לדוגמא, הדמויות מתנהלות כמדומה בתנועה צנטריפוגלית שחוצה מישור תמונתי הנבנה על ידי דפוסים גראפיים. מתוך גישה פחות אקדמית, הייתי מעדיף להתייחס ליצירה של לביא כאל נתחים מהרחובות של עיר שקירותיה מתקלפים בחום הנורא של 32 מעלות צלזיוס. נתחים מתל אביב שיש למחזרם, כך היינו אומרים היום, אבל קיימות לא הייתה אז בראש מעייניהם."

"אז המניע האפשרי של הפירומן שלנו הוא לשוב ולכונן את הזיקה בין העיר לאמניה ? או אולי להעלות את מודעות האמנים הללו לאחריותם החברתית ? עמוד העשן הזה בהחלט היה כמו מודעת אבל לעיני כול."

"אולי זה יישמע פואטי מדי לאוזני רבים, אבל בעצם אתה צודק, ניתן לראות בו תזכורת להיסטוריה של העיר. העיר הלבנה של תל אביב היא בראש ובראשונה חיקוי עלוב לאירופה שבנו הייקים שברחו מהיטלר בשנות השלושים. תל אביב הייתה ההזדמנות לאדריכלים ברוטליסטיים כדוגמת אריה שרון ואחרים ליישם את הידע שהם רכשו בבאוהאוס בדסאו מהאנס מאייר, למשל. הם עיבדו מחדש את תכנית עיר הגנים של המתכנן הבריטי פטריק גדס, ובכך רק הרחיקו את העיר ותושביה מסביבתם התרבותית המזרח-תיכונית. כיום נאנקת העיר הלבנה תחת השמש המקומית החורכת את משטחיה, לא פעם במעלות חום שדי בהן להרוג אדם." (13)

"האם אתה מתכוון לומר שהאופן שבו קוראת סמל את עבודתו של לביא מהווה כשלעצמו מעין הוכחה לקידום האימפריאליזם התרבותי ?"

"אם, ורק 'אם', הדיקט שעליו צייר היה רפרורו של רפי לביא לעצים שנטעה קק"ל אחרי 1948, שהיו עד מהרה לעצים שהטילו צל כבד על הריסות הכפרים הערביים, אזי ריבוי העבודות של לביא על לוחות דיקט שנוצרו מאותם העצים ממש הוא הבריקדה שמאחוריה מתבצרת התרבות הישראלית ומבודדת עצמה מסביבתה המיידית ומהאמת המוכחשת שמתקשים האמנים כל כך לזעוק לנוכח העוול. ככלות הכל, עדיין מסוכן להסביר את ההפשטה של לביא במונחים מערביים ועוד לרפררה לזו של ציירים אמריקאיים, או להמחיש את הדוגמא המושלמת לעיוורון מלומד."

"מה עם כל היתר ?"

"מיכל נאמן שהייתה אז צעירה ונחום טבת עזבו את הקיבוץ והצטרפו ללביא בתל אביב. בכך שכללה אותם בתיאוריה שלה, סמל שבה ופוסלת את גישתה ה"חומרנית" שכן בזכות עקירתם מהקיבוץ אל העיר גם הם דחו מעל עצמם את הרקע הסוציאליסטי שלהם כדי להגדיר עצמם מחדש מול תרבות המערב שהיא

be recycled, we might say today, but sustainability was not on their mind back then. , or perhaps as archeological finds."

"So our pyromaniac's motive would be to further reaffirm the link between the city and artists? Or perhaps to raise those artists' awareness of their social responsibility? I mean this column of dark smoke certainly was like a mourning sign for all to see."

"It might sound too poetic to some, but actually, you are right, it could be seen as a reminder of the history of the city. The White City of Tel Aviv is mainly a European ersatz erected by German Jews who escaped Hitler in the 1930's. Tel Aviv was the opportunity for brutalist architects such as Arieh Sharon and others to apply the knowledge they had acquired at the Bauhaus in Dessau under Hannes Meyer, for instance. They reworked the urban planning of British planner Patrick Geddes and further alienated the city and its inhabitants from their Middle-Eastern cultural surroundings. The White City is now decaying under the local sun that scorches its surface, often with temperatures enough to kill a man." ☛ (13)

"Are you implying that Semel's reading of Lavie's work is in itself a certain proof of facilitating cultural imperialism?"

"If, and only 'if', the plywood on which he was drawing was Lavie's reference to the trees planted by the Jewish National Fund after 1948, which quickly became forests that effectively concealed the ruins of destroyed Arab villages, then Lavie's profusion of works on plywood boards assembled from these very trees is the barricade behind which Israeli culture isolates itself from its immediate surroundings and the hidden truth artists struggle so hard to speak to power. After all, to explain Lavie 's abstraction in Western terms and by referencing it to this of American painters remains hazardous and illustrate rather well the scholarly induced blindness."

"How about the others?"

"The then young Michal Naaman and Nahum Tevet left the kibbutz and joined Lavie in Tel Aviv. By including them in her theory, Semel further dismisses her 'materialistic' approach for

עירונית על פי הגדרה - "אוויר העיר משחרר" - מה שהיא מזהה כ"שם".

"זה ממש חבל, אתה יודע", המשיך הבלש, "התרבות שפותחה בקיבוץ יכולה הייתה לסייע לתרבות הישראלית לבדל עצמה מההשפעה המערבית תוך פנייה למזרח. אבל [בחוסר סבלנות, כשדיבורו נהיה מהיר וקולני יותר] מדוע לשרוף את האמנות שלך עצמך ?"

"למה אתה מתכוון ?" [בטון מרצה] "התרבות הסוציאליסטית לא הייתה "שלהם" ועל כן לא את "שלהם" שרפו, והם גם לא "שרפו" אותה, לפחות לא עד 1989, וממילא, הקיבוצים היו לא פחות לבנים, והם לא הדירו את שכניהם, עובדי האדמה הפלסטינים, פחות מאחרים... בעצם..."

"לא, יא חכמולוג, יא אמן סוג ד', יא גפרור מהלך על שתיים. לא!" [לאט, הברה אחר הברה הפעם, כאילו הוא מדבר אל ילד.] "שאלתי אותך, למה שרפת את הבאאד ?"

[מרצה, אבל הפעם בטון מתחכם.] "טוב, נולדתי וגדלתי בצרפת אבל הוריי וסביי נולדו וגדלו בצפון אפריקה. וזה מה שאנחנו עושים: אנחנו שורפים דברים, אנחנו דופקים על השולחן, אנחנו הבארברים האמיתיים!"

"מצחיק מאוד, טוויטו, אתה ככה קרוב למעצר."

"אז אני אפילו קרוב יותר לצאת מהמקום המסריח הזה. אלא אם יש עוד משהו שאתה רוצה ? אין לך עניינים דחופים יותר ?"

שניהם מפנים את גבם זה לזה ומתרחקים, השוטר עם ידו אוחזת באקדח בייאוש.

by their 'rural exodus' they too dismissed their entire socialist background in order to redefine themselves vis-à-vis Western culture, which is by definition urban – Stadtluft macht frei – what she identifies as 'there'."

"It's a pity, really, continues the detective, the culture developed in the kibbutz could have helped Israeli culture to distinguish itself from the Western influence while facing the East. But"—impatiently, with the speech gaining speed and volume—"why burn down your own work?"

"What do you mean?"—lecturing—"Socialist culture was not their work to burn, and they didn't 'burn' it, at least not before 1989, and anyway, the kibbutzim were no less white and no less exclusive of their Palestinian land-laboring neighbors... Rather—"

"No, you wiseass, you lame excuse for an artist, you walking matchstick. No!"— very slowly and deliberately this time, as if talking to a child — "I asked you, why did you burn down the BAAD?"— Lecturing, but disingenuously this time — "Well, I was born and raised in France but my parents and grandparents were born and raised in North Africa. And that's what we do: we burn places, we topple tables, we are real barbarians!"

"Funny... Tweetu , you are this close to getting arrested."

"Then I'm even closer to getting the fuck out of here. Unless there's something else you want? Don't you have more urgent matters to attend to?"

Both of them turn their backs on each other and walk away, the policeman with his hand grasping the gun in despair.

VI

It is no secret that curators are often traitors who abuse the artists who have so naively entrusted their work to them, pressured by the irresistible urge to exhibit. "Thank you", he smiles with the same rictus that split his face while relieving the bladder he has been punishing during the entire hour the studio visit lasted. It is so easy to abuse that incompressible exhibitionistic tendency, especially in the peripheries where public space is not particularly well equipped with toilets.

About the power of chemistry and its insidious effects. Next day. Evening. At Tweetu's place in south Tel Aviv, he reads Lotman[10] *aloud while petting his cat on his couch.*

"A visual example of such narration is the child's kaleidoscope, in which bits of colored glass intersperse and form countless variations of symmetrical figures. Its asymmetry only helps to reveal the mechanism of narration, which is based on internal transformation and successive combination in time, rather than on the syntagmatics of elements in space, which inevitably entails an expansion in the text's size. One figure is transformed into another figure. Each figure makes up a certain synchronically organized segment. These segments are not combined in space, however, as would have happened if we had drawn a design, but are summed up in time as they are transformed into one another." [11]

To the cat, "You understand, Déjà Vu ? The socially constructed text (or the context) is the perfect raw material for what I call 'Superscriptors'. I sense that you don't fully grasp my point, kitty, let me put a little story together for you. From hummus to oil paint, it is just a matter of time. Both can contend for the quintessence of paste texture. What if you let a lump of oil paint dry for two years in a row? You'll get hummus. We are in the Old City of Jerusalem, Ikermawi like his father and his grandfather

ו.

אין זה סוד שאוצרים הם לא פעם בוגדים שמנצלים לרעה את האמנים שבתמימותם הפקידו בידיהם את אמנותם, מתוך דחף שאינו בר כיבוש להציג בתערוכה. "תודה", הוא מחייך באותה מתיחת שפתיים שקרעה את פניו לשניים שעה שרוקן את השלפוחית שנענשה למשך שעה ארוכה כאורך הגלות שבילה בסטודיוגלריה. כל כך קל לנצל לרעה את הנטייה האקסהיביציוניסטית שאינה יכולה להחזיק מעמד בשלפוחיתה, במיוחד בפריפריות היכן שהמרחב הציבורי אינו מצויד די הצורך בחדרי שירותים.

על כוחה של הכימיה והשפעותיה החתרניות. ערב יום המחרת. בדירה של טוויטו בדרום תל אביב, הוא קורא את לוטמן [9] בקול רם תוך שהוא מלטף את חתולו על הספה.

"דוגמא חזותית למהלך סיפורי שכזה היא הקליידוסקופ הילדי, שבו נשזרים שברי זכוכית צבעונית זה בזה ויוצרים אינספור וריאציות של צורות סימטריות. האסימטריה שלה רק מסייעת בחשיפת המנגנון הנרטיבי, המבוסס על טרנספורמציה פנימית וצירופים שמתחלפים זה אחר זה, ולא על התחביר של האלמנטים במרחב, שכרוכה באופן בלתי נמנע בהתרחבות הטקסט. צורה אחת נהפכת לצורה אחרת. כל צורה יוצרת פלח מסוים המאורגן באופן סינכרוני. אולם פלחים אלה אינם משתלבים במרחב, כפי שהיה קורה לו היינו מציירים דוגמא או תכנית כלשהי, אלא מסתכמים בזמן כשצורתם מתגלגלת זו אל תוך זו".[9]

אל החתול: "אתה מבין, דז'ה וו ? הטקסט (או הקונטקסט) המובנה חברתית הוא חומר הגלם המושלם למה שאני מכנה "כתבני העל". נראה לי שאתה לא לגמרי עוקב אחריי, חתלתול, אז תן לי לספר לך סיפור קטן. מה יקרה אם תיתן לגוש של צבע שמן להתייבש במשך שנתיים רצופות ? תקבל חומוס. המרקם המושלם לעיסה. אנחנו בעיר העתיקה של ירושלים, ועכרמאווי, כמו אביו וסבו לפניו, פותח בסביבות ארבע בבוקר וסוגר בשעת הצהריים לכל המאוחר. זה אידיאלי בשביל הבליינים שמנסים להשתחרר מהחמרמורת שפוקדת אותם בשעות אלה על ידי ניפוח הקיבה כדי שתוכל לספוג את האלכוהול."

"מיאו!" מאשר דז'ה וו.

"אתה צודק, דז'ה וו, גם אני הייתי בסרט הזה."

"אהלן וסהלן!"

"אהלן!"

"חומוס גרגירים ?"

before him, opens around 4 am and closes at noon at the latest. It is ideal for the clubbers who strive to counter their hangover by getting their stomach full enough to absorb the alcohol.

"Miawu!" comments Déjà Vu.

"You're right, Déjà Vu. I know the drill too."

"Ahlan Wa Sahlan!"

"Ahlan!"

"Hummus ma hummus (Hummus with warm chickpeas)?"

"... ma ful (...with fava bean)," says Eli.

"How good is that last bite of freshly crushed chickpeas before crashing into your bed at dawn!" says Eli to his friends as they nod silently in agreement while x-rayed by no less than six neon lights.

No more than eight people can sit there and the clubbers are squeezing in at the expense of the workers who, on their way to the building site, are coming for a portion of what will keep them from being hungry too early while building the houses of the clubbers' parents. But the place is packed with daddy's boys and girls, so they take it away. Ikermawi the 3rd is grateful for this new and growing clientele who hunger for the delicious paste but he still closes at noon, for hummus is a morning dish somehow resisting the capitalist strategy according to which Ikermawi the 3rd should be serving the small plates for as long as people want.

According to the logic of profit at the cost of human labor, Ikermawi sacrifices his family life, crushing the beans under the mortar that will enslave him to the hungry westerners in search of the exotic dish. Soon a chemically engineered copy is found in every supermarket, and Ikermawi's hummus no longer caters to the exotic taste and fall out of trend. Ikermawi the 3rd, who has enlarged his little restaurant thanks to a loan, is now forced to lower the production price of the hummus and its quality. "Why come all the way to the Old City for a hummus barely better than the one I can find in the supermarket?" asks the hipster. And this is how Ikermawi, now estranged from his family, finds himself unwillingly married to a wicked

"חומוס פול", אומר אלי.

"כמה טוב הביס האחרון הזה מהגרגרים שזה עתה נמעכו לפני שאתה צונח על יצועך בעלות השחר!" אומר אלי לחבריו מהנהנים בשתיקה כבהסכמה, שעה שלא פחות משׁשה אורות ניאון חושפים אותם במערומי שכרונם.

יש מקום רק לשמונה סועדים והבליינים נדחסים שם על חשבון הפועלים שמגיעים בדרכם לאתר הבנייה כדי לבלוע משהו שישמור אותם מרעב תוך שהם בונים את בתיהם של הבליינים והוריהם. אבל המקום הומה מהילדים והילדות של אבא ואמא, אז הם לוקחים את האוכל החוצה. עכרמאווי השלישי מכיר תודה לקליינטורה החדשה, ההולכת וגדלה, המשתוקקת לכשרונו הקולינרי, אך הוא מקפיד עדיין לסגור בצהריים, כיוון שחומוס הוא מאכל של בוקר שאיכשהו מחזיק מעמד מול האסטרטגיה הקפיטליסטית שלפיה על עכרמאווי השלישי להגיש את הצלחות הקטנות כל עוד יש להן ביקוש.

לפי ההיגיון הרווח של עלויות כוח האדם, עכרמאווי מקריב את חיי המשפחה שלו, מוחץ את הגרגרים תחת העלי שישתעבדו לבני המערב הרעבים המחפשים את המעדן האקזוטי. עד מהרה יימצא עותק מהונדס כימית בכל מרכול, והחומוס של עכרמאווי לא יספק עוד את הכמיהה לאקזוטי וייצא מהאופנה. עכרמאווי השלישי, שהרחיב את המסעדה שלו הודות להלוואה, ייאלץ להוריד את עלות הייצור של החומוס ועל כן את איכותו. "מדוע לנסוע כל הדרך עד העיר העתיקה בשביל חומוס שהוא בקושי טוב יותר ממה שאני יכול למצוא בסופר ?", שואל ההיפסטר. וכך, ימצא את עצמו עכרמאווי מנוכר ממשפחתו, נשוי בניגוד לרצונו לאשה מרשעת, הבנק, שתשלח אותו לעבוד עד מוות, ובסופו של דבר תנשל אותו ואת ילדיו ממורשתם וירושתם. זוהי, בקיצור, הלוגיקה שמאחורי תכנית השלום שהכתיבו האמריקאים מאז שנות התשעים שהניבה לבסוף את מה שכונה "עסקת המאה".

תחת זאת, כאקט של התנגדות, עכרמאווי השלישי שב לחיק משפחתו תמיד בצהריים, למשפחתו במזרח ירושלים, שעה שבעיניים עצומות נמים הערפדים מאחורי הווילונות, ומסננים מדמם את האלכוהול שגמעו בלילה שעבר. (14)

"אין על חומוס", אומר אלי פטל, ממשתתפי הפתיחה ב-FIAC[10]. הוא עומד לצד החומוס - עיסת צבע שמן שעברה ייבוש איטי בצלוחיות קטנות של עכרמאווי על קיר הביתן בגלריה דביר המפורסמת - וטוען שזכותה של עיסה זו, אשר עברה מודיפיקציה כימית, להיכנס להיכלי הנצח של תולדות האמנות המערבית, אשר דואגת לעצמה: "לאוריינט ולאיסלם יש בה מעמד מציאותי במיוחד, שעבר רדוקציה ושמוציא אותם מהישג ידו של כל אחד מלבד המזרחן. מראשית ימי ההגות המערבית המזרחנית, הדבר האחד שהמזרח לא היה מסוגל לעשות היה לייצג את עצמו. עדויות על האוריינט היו אמינות רק לאחר שעברו דרך המסננת והתגבשו לעיסה המוצקה בכור המצרף של מלאכת המזרחן" [11].

wife, the bank, sending him to work until he dies, eventually ripping him and his children off their legacy and inheritance. This, in short, is the logic behind the peace plan dictated by the Americans since the 90s ultimately giving birth to the so-called Deal of the Century.

But instead, as an act of resistance Ikermawi the 3rd, heads back home invariably, at noon, to his family in East Jerusalem while fast asleep behind their window shades, the vampires filter their blood of the alcohol they drank the previous night.

☛ (14)

"Hummus forever,"says Eli Petel while attending the opening at the FIAC.[12] He is standing next to Ikermawi's small plates filled with the precious paste, oil paint? hummus? They hang on the plaster wall of the booth of the famous Dvir Gallery and argues for the chemically modified paste to enter the eternity promised by the self-serving Western Art History: "The Orient and Islam have a kind of extra real, phenomenologically reduced status that puts them out of reach of everyone except the Western expert. From the beginning of Western speculation about the Orient, the one thing the Orient could not do was to represent itself. Evidence of the Orient was credible only after it had passed through and been made firm by the refining fire of the Orientalist's work." [13]

"Déjà Vu ?"

"Miawu."

"OK, let me tell you another one: Michal Helfman, who was the stage designer of the Jerusalem nightclub Haoman 17, also goes for the chemical.[14] 'All is for the best' in the 'best of all possible worlds'. Voltaire comes to my mind when I think of her image-making strategy: the pill you just swallowed tonight is only but a portal to the experience we have designed for you. Helfman and her blue-eyed team are redesigning the Ha'Oman 17 dance club every week. We are in the 90s and the unchallenged capitalism gives birth to a multitude of immersive art installations wherein the viewer is a vessel for experiencing the end of the Cold War and of the working body."

"דז'ה וו?"

"מיאו."

"אוקיי, תן לי לספר לך עוד אחד: מיכל הלפמן, שהייתה מעצבת הבמות של "לילות ירושלים", נוטה אף היא לכימיה. "הכל טוב" ב"טוב מכל העולמות" וכמו שנהוג לומר במחוזותינו: יהיה בסדר... וולטר (הצרפתי) עולה בדעתי כשאני חושב על אסטרטגיית הדימויים שלה: הכדור שבלעת הלילה הוא רק שער הכניסה לחוויה שעיצבנו עבורך. הלפמן ואנשי צוותה תכולי העיניים מעצבים את מועדון האומן 17 בכל שבוע מחדש. אנחנו בשנות התשעים והקפיטליזם החזירי מוליד שלל מיצבי אמנות אימרסיביים שבהם מתפקד הצופה ככלי קיבול לחוויות סוף המלחמה הקרה וקץ הגוף העמל."

[טוויטו מחקה את הקול של בס עמוק לנגינת אמן הטכנו דריק מיי.] (15)

"בכוח הכימיה המשדרגת את הנשמה, שיר הופך לטרק, למיקס ובסופו של דבר לסט שכמעט מגרד את השחקים מרוב עוצמת המקצבים החוזרים. הלפמן קיוותה שאימרסיה, היטמעות מוחלטת, תוכל לבטל את רוע הגזרה האסימפטוטית ואולי אף להתעלות מעל לחומריות הגוף האנושי. אללי! אותה אכזבה, כבלי הקובייה הלבנה הפתטית כולאים את האדם פי כמה וכמה מהח־שוכים שבמועדונים. הדילרים עדיין מוכרים פנטזיה, אך זו אינה פועלת את פעולתה בדם המשתמש: ריגוש שמעורר את הצורך להתחבר לחוג החברתי של המדיצ'ים. תזכורת לפנטזיה שמאז עברה מוטציה והפכה לספקולציה שגרמה לאינפלציה במחירי יצירות האמנות: אנחנו ב-2020.

לסלוח ולשכוח! מפצירה הלפמן בפקחותה כי רבה על רקע הנוף בו מבוימות שתי דמויות הרפאים המחזיקות אדמה בידיהן. ממבט ראשון, זה נשמע כמו התמימות האופטימית של קנדיד, שכן הסליחה עשויה לשחרר את היהודי או היהודיה מאקט הזיכרון הזה בו הוא או היא מתגאה מזה שנים אלפיים. עד לקירות יד ושם, המוזיאון המוקדש כולו לזיכרון המחזיק אותו שבוי ברחמי אגרוף הפחד שמא יישכח אי פעם! אז לשכוח ולסלוח? שואלת הלפמן אף היא, בנימה מציאותית יותר, במיצב שלה.

אפשר שהשכחה מתחילה בדקת הדומייה שכופה הלאום בכל שנה לזכר הקו־רבנות של מה שאייכמן ביקש לתאר כבירוקרטיה הגרמנית. דקה אחת שדי בה להשתיק את העובדה שממשלת ישראל שכחה לשלם לניצול את השילום שקיבל מגרמניה, את היהודי שנאבק בעוני כל יום מחדש בארץ זבת חלב ודבש. די בדקה אחת בלבד כדי שהדי-ג'יי שלנו, ראש הממשלה, יקרע את הניצולים הללו מעל זיכרונותיהם ויטפח תעשייה של פחד שתשרת אותו אישית ואת העשירים עד להשחית. על כן, גם אם ירקוד היהודי עד לא ידע, אפשר שבוקר המחרת לא יאירו באור הסליחה, אלא דווקא יכפה על ההיסטוריה לשחזר את עצמה בסופו של דבר", מסכמת הלפמן.

Tweetu imitates the sound of deep bass to the tune of techno musician Derrick May. (15)

"Upped by the power of chemistry, a song becomes a track, then a mix and eventually a set almost scraping the sky propelled by repetitive beats. Helfman hoped that a total immersion could break through the asymptotic curse and perhaps eventually transcend the materiality of our body. But no! Same disillusion, the constraints of the pathetic white cube are far worse than those of the darkest clubs. The dealers are still selling fantasy but one that does not kick in the user's blood: a thrill triggered by the need to access the social status of the Medicis. Reminiscent of a fantasy that has since then mutated into speculation serving the artists' sales: we are in 2020.

Forgive and forget! Exhorts Helfman so cleverly in a scenery staging the ghostlike figures holding two pieces of earth. At first, it resonates like the optimistic insouciance of Candide, for forgiving might free the Jew from this act of memory he prides him or herself for thousands of years. Up until the walls of the Yad Vashem, a museum entirely dedicated to remembrance keeping him at the mercy of the clenching fist of fear should he ever forget! So forget and forgive? Asks Helfman as well, more realistically, in her installation.

Perhaps forgetting starts with the minute of silence imposed via a national spectacular set up every year to commemorate the victims of what Eichmann wanted to describe as the German bureaucracy. One minute to silence the forgetfulness of the government to pay the survivor his German-funded pension, the Jew who sometimes fights poverty in the Land of Milk and Honey. One minute is just enough for the DJ of a prime minister to rip those survivors off their memories and promote the industry of fear that will serve him and the filthy rich. And so, dancing yourself to forgetfulness might not grant forgiveness but rather force history to reproduce itself eventually," concludes Helfman.

"Miawoooooooooooooow!"

Déjà Vu jumps away from Tweetu as he almost falls off the

"מיאווווווו!"

דז'ה וו מזנק מעל טוויטו שכמעט נופל בעצמו מהספה למשמע הדפיקות הקולניות, האלימות, השוברות כמעט את הדלת.

"משטרה! לפתוח!"

"מה לעזאזל? החזירים האלה! מי שישמע!"

טוויטו בקושי מספיק לפתוח את הדלת, ומייד גוררים אותו החוצה שלושה שוטרים המלגלגים עליו תוך שהוא מנסה לנעול נעליים.

[מאוחר יותר, בתחנה]

"תודה לך שהואלת לבוא בהתראה כה קצרה, מר טוויטו."

"אתה יכול לדחוף את ה"מר" הזה בתחת של הגברת שלך."

"תאמין או לא, אני ממש מצטער שנאלצתי לקלף אותך מהספה. אבל לרוע המזל תיאלץ לבלות את הלילה אצלי, אם אפשר להגדיר את זה כך, ואצלי קצת פחות נוח. אחרי שנת היופי שלך, נוכל לחדש את השיחה המשעשעת שלנו בבוקר. אולי הפשפשים ירעננו את הזיכרון שלך!" (16)

"ג'יזס, אתה נשמע כמו סרט הוליוודי סוג ז'!"

"עדיף אמנות ישראלית פלצנית, לדעתך? ואם יש משהו שאתה לא יכול לסבול, זו אמנות אקדמית, נכון? אז אולי מתחשק לך לשרוף אותי? [מסמן לסגנו] תבדוק אם יש לו בכיסים מצית, גפרורים - היפהפייה הנמה הזו לא תעשן סיגריה הלילה."

couch when the loud and violent banging at the door threaten to break it down.

"Police! Open the door!"

"What the fuck? Those pigs! Who do they think they are?"

As he opened the door, he was pulled out by three policemen laughing at him while he tried to grab his shoes.

Later at the police HQ.

"Thank you for coming at such short notice, Mr. Tweetu."

"Don't you 'mister' me, bitch."

"Believe it or not, I'm really sorry for dragging you off your couch. Unfortunately, however, you will have to spend the night at my place, so to speak, where it is a little bit less comfy. After your beauty sleep, we will resume our little discussion tomorrow. Maybe the bedbugs will refresh your memory!" ☛ (16)

"Jesus, you sound like the cheesiest Hollywood B movie!"

"Even worse than highbrow Israeli art, you think? And if there's something you can't bear, that's academic art, isn't it? Care to burn me down then?" —Gesturing to his deputy— "Search his pockets for a lighter, matches - no cigarettes for this sleeping beauty."

VII

Theoreticians of society and politics have often conceived of themselves as perched up high, looking at or making up the social from a disengaged position. The crucial disengagement is not necessarily the disengagement of political impartiality or neutrality but the disengagement from the concrete. It is theoreticians so self-conceived who are understood to occupy the strategist position. In this view of the social, subjected subjects are assumed to negotiate daily survival myopically from within the concreteness of body-to-body engagement. At best. Resistance within this concreteness is reduced to the tactical. Given this valorization of disengagement, the powerful are the theoretician's brothers: they get to play with the hand-me-downs of each other's imaginations.[15]

Where dualism is celebrated anew. Night. Tweetu enters his cell.

"Hey sweetheart!" says the trans apparently used to the situation.

"This gets cheesier by the moment," mutters our hero.

"Hey baby, why did they throw you in here? Look at you..." she continues

"Was at the wrong place at the wrong time," sighs Tweetu.

Unperturbed by the cliché (when in Rome...), the trans proceeds to present a long and well-rehearsed tirade about her life as a woman estranged by her male body and now no less estranged by the hormones in her new feminine body. If Hefetz's drawing does not innovate much with regard to the history of the medium, it is perhaps on the sociological plane that his works seem to advance a disturbing reading of gender transformation, for the representation of ghostly figures visiting his imaginary or his psyche or his studio, seems to turn his physiological body into a host for wandering soul: as if possessed by a dybbuk? Or as a way to liberate the spirit from an eternal wandering provoked by the violence imposed on women,

ז.

תיאורטיקנים של חברה ופוליטיקה תפסו עצמם לא פעם כשוכני צמרות, מתבוננים על החברה או מעצבים אותה ממצפור מרוחק. הניתוק ההכרחי אינו בהכרח הניתוק של העדר משוא פנים פוליטי או ניטרליות פוליטית, אלא הניתוק מהקונקרטי. תיאורטיקנים שתופסים כך את עצמם הם שתופסים את העמדה האסטרטגית הזו על פי הבנתם. מנקודת ראות זו על החברה, קל להניח שהסובייקטים הכפיפים מנהלים את הישרדותם היומיומית בצרות עין, מתוך הקונקרטיות של מגע גוף בגוף. במקרה הטוב. ההתנגדות שמתוך הקונקרטיות הזו מצטמצמת לטקטי. ולאור ההילה הזו שנקשרת לניתוק, בעלי העוצמה הם אחיו של התיאורטיקן בלב ובנפש: יוצא להם לשחק עם בגדי הדמיון שעוברים מאח לאחיו בירושה משמאס בלבושם.[12]

תפארת הדואליזם שבה ונחוגה. לילה. טוויטו נכנס לתאו.

"הי מותק!" אומר הטרנסית, כפי הנראה מורגל בסיטואציה.

"זה נהיה לעוס ומאוס מרגע לרגע", ממלמל גיבורנו.

"הי חומד, למה זרקו אותך כאן? תראה אותך..." היא ממשיכה.

"הייתי במקום הלא נכון בזמן הלא נכון," נאנח טוויטו.

הטרנסית אינה מוטרדת מהקלישאה (ברומא התנהג...), ופוצחת בקינה טרחנית ומתורגלת היטב על חייה כאשה שגופה הגברי התנכר לה, וכעת מתנכרים לה בה במידה ההורמונים בגופה הנשי החדש. בעוד שהרישום של חפץ אינו מחדש רבות בכל האמור בתולדות המדיום, אפשר לומר שבמישור הסוציולוגי דווקא מקדמות יצירותיה קריאה עוכרת שלווה של טרנספורמציה מגדרית, שכן ייצוג דמויות הרפאים הפוקדות את דמיונה או את נפשו או את הסטודיו שלו דומה שהופך את גופה הפיסיולוגי לפונדקאי של נפשה עכורת השלווה: כאילו דבק בה דיבוק? או כדרך לשחרר את נפשה מנדודי הנצח שבעקבות האלימות שמופנית כלפי נשים, שלא הותירה עקבות כלשהן בהיסטוריה? אולי הסבל שחוותה הביא אותה לסרב שוב ושוב לגלם מחדש את הגוף, את המעמד החברתי שהביא לה סבל אינסוף, כאב ועצב עד בלי די?

"אני לא בטוח בקשר לזה", אומר טוויטו, "אבל אין לי כוונה להתווכח עם פרוצה שאת תבונתה לעולם לא אצליח לפצח בעודי נח על זרי הדפנה של מעמדי כגבר פריבילגי."

"כגבר הטרו?" שואלת רועי.

"לא ממש, אבל החלטתי ללכת בדרך הקלה, כיוון שהייתי יכול להחליט."

of which history bears no trace? Perhaps the suffering she endured brought her to refuse again and again to reincarnate the body, the social status that had brought her to infinite suffering, pain and sadness?

"Not sure about that,"—says Tweetu— "but I won't argue with a female whose wisdom I will never able to achieve perched on the comfort of my privileged white male status."

"Hetero?" asks Roey.

"Not really, but I decided on the easy way since I could decide."

"What do you mean by 'could decide'?"

"Well, no one was pressuring me into a specific gender scenario except for the legacy of Judaism whose positions on the matter are quite clear. Even if they don't call it an illness, the rabbi will have the remedy for you so please do not worry about 'it', 'it' will pass, 'it' is just a phase they say. And then comes the endless commandments of the daily routine and its every detail called 'religion' which will keep you from having sex for pleasure while curbing your libido to the weekly Oneg Shabbat. A sort of shooting range for couples conditioned to target for the middle circle of procreation. Eventually, you will have 10 or 12 children and will be forced into survival mode for if you are a good sniper, yourself is nowhere to be found except on the ID card that bears your name. Gender? The term does not apply. M for male or F for female. Plain and simple."

"Which box did they check while enrolling for the armies that kept on landing on the coasts of the American continent enforcing their binary bureaucracy onto the indigenous cultures for which gender pluralism was termed berdache by the white colonialists who saw it as deviant.[16]"

Suddenly, the door opens.

"Thank God for small mercies," Tweetu lets slip.

"Yebat' tebya (fuck you)," screams the Soviet newcomer and starts pounding at the iron door as soon as it clangs behind him.

"Relax man. You're making too much noise, and you're interrupting my story!"

"מה זאת אומרת 'היית יכול להחליט'?"

"תראי, אף אחד לא דחק אותי אל תוך רובריקה מגדרית ספציפית, מלבד המסורת היהודית שעמדתה בעניין זה ברורה למדי. גם אם הם לא קוראים לזה מחלה, לרבי יש את התרופה בשבילך, אז אל תדאג בקשר ל'זה', 'זה' יעבור, 'זה' רק שלב חולף, הם אומרים. ואז מגיעות אינספור המצוות של שגרת היומיום על פרטי-פרטיה, המכונה "דת", שתמנע ממך לקיים יחסי מין לשם ההנאה ותדחק את הדחף שלך לתוך הסד השבועי של 'עונג שבת'. מעין מטרה במטווח בשביל זוגות שעברו התניה לכוון לעיגול האמצעי כדי לקיים מצוות פרו ורבו. בסופו של דבר, אם אתה צלף מוצלח, יהיו לך עשרה או תריסר צאצאים ותיכנס למוד הישרדותי, ולא תוכל למצוא את עצמך בשום מקום מלבד תעודת הזהות הנושאת את שמך. מגדר? המונח לא רלוונטי. ז' זה זכר ונ' זו נקבה. חד וחלק."

"איזה וי הם סימנו כשהתגייסו לצבאות שנחתו פעם אחר פעם בחופי יבשת אמריקה וכפו את הבירוקרטיה הבינארית שלהם על תרבויות הילידים שבעבורן כונה ריבוי הזהויות המגדריות "ברדאש"[13] בפי המתיישבים הלבנים שראו בו סטייה."

פתאום נפתחת הדלת.

"ברוך השם", נפלט לטוויטו.

"יבאט טביה! [לך תזדיין!]" צועק הסובייטי שאך הגיע ומתחיל להלום בדלת הברזל מרגע שנטרקה מאחוריו.

"תירגע גבר. אתה מרעיש יותר מדי, ואתה קוטע את הסיפור שלי!"

הוא פונה לאחור, נכון לנבוח עוד סבב של נאצות רוסיות על ויקטוריה...

"טוויטו! מה אתה עושה פה?"

קופרמן שהגיע מן הכפור, לא בדיוק מרוסיה אלא ממולדובה, מעדיף לעשות סמים בבית עם חברים לצלילי מוסיקה שבחר בקפידה, כזאת שדואגת לכך שתישאר מתוח. לא האוס, אלא שאגות. לסוף המלחמה הקרה נודעה השפעה שונה לגמרי על הבחור. מבחינה מסוימת, הוא משמר דרך אובססיה ספק מודעת, ספק בלתי מודעת, לדיוקני דמויות גבריות את השושלת של החברה הפטריארכלית של אמא רוסיה שנפחה את נשמתה.

ציורים פיגורטיביים עם קריצה אלגורית משולות להתאבדות אמנותית בישראל. ציירים הם אמנים, בהחלט, אבל לא ממש אומנים, ואלה שיש להם כישרון אמיתי למלאכת יד מקבלים בדרך כלל מסר ברור להתרחק מהמדיום הזה בבואם בצלאלה. זה פשוט מאיים על ההגמוניה של הבינוניות שמשלה בכיפה בארבעים השנה האחרונות לערך במוסד הזה (למרות שהדברים השתנו בתקופת כהונתו של פטל). למרבה האירוניה, קופרמן רכש את השכלתו בארה"ב כך שכן, הוא מצייר דיוקנים די טובים על סף ההיפר-ריאליזם. אבל שלא כמו הפטישיזם האטי [etic] בו נגוע המגדר, בעיקר בדור המערבי שקדם לשלו, קופרמן מודע

As he turns around, ready to bark another round of Russian curses at Victoria...

"Tweetu ! What are you doing here ?"

Coming from Cold, not exactly Russia but Moldova, Kuperman prefers to take drugs at home with friends to the sound of carefully selected music that will keep you unsettled. No house music but a roaring sound. The end of the Cold War had quite a different effect on the guy. In a way, he preserves via a un/conscious obsession for portraits of male figures the twisted lineage of the patriarchal society of the defunct Mother Russia.

Figurative paintings with an allegorical turn are suicidal in Israel. Painters are artists, yes, but not proper artisans, and the ones with the real knack for it are usually discouraged to practice the medium as they enter the academy. It simply threatens the hegemony of mediocrity that has been ruling for the past four decades or so in this institution (although this has changed during Petel's term in office). Ironically, Kuperman's education was in the US and so, yes, he paints relatively good portraits on the edge of hyperrealism. But unlike the etic fetishism affecting the gender, mainly of the Occidental generation before his, Kuperman is aware of the necrophilia of his practice : his palette spans from purple to pink with spanks of red for contrast.

"But wait, that's not at all the light in Israel : the light is yellow here," Tweetu and Kuperman say in chorus, mimicking the ear-splitting voice of the so-called Aunties.

"The here tones are warm !" blasting into laugher.

The Aunties... The Aunties, an insider idiom of the local art world that describes the bored wives of richer male. In order to escape their boredom they undertook to become patrons of culture. Throwing parties here and there to reaffirm their status in their nouveau-riche milieus, they do the work of the Salvation Army for artists who otherwise would starve. But this feeding hand has certain demands which the artists has to learn to circumvent, at best, to embrace at worst : art should not be too political or too local, but rather match the red leather sofa.

לנקרופיליה של הפרקטיקה שלו: פלטת הצבעים שלו נמתחת מסגול לוורוד עם נגיעות של אדום לשם הקונטרסט.

"אבל רגע, זה בכלל לא האור בישראל: האור כאן צהוב," אומרים טוויטו וקופרמן גם יחד, מחקים את קולן הצורמני של ה'דודות'.

"הטונים כאן חמים!" [מתפקעים מצחוק]

הדודות... הדודות, מטבע לשון פנימי של עולם האמנות המקומי שמתאר את נשותיהם המשועממות של גברים עשירים מהן. כדי להתגבר על השעמום, הן מקבלות על עצמן את תפקיד פטרוניות האמנות. מעת לעת הן עורכות מסיבות כדי לאשש את מעמדן במילייה הנובורישי שלהן, הן מתפקדות כצבא ישע למען אמנים שאלמלא כן יגיעו אל פת לחם. אבל ליד הנדיבה הזו יש דרישות מסוימות שהאמנים למדו לעקוף, במקרה הטוב, ולאמץ במקרה הרע: אסור שהאמנות תהיה פוליטית מדי או מקומית מדי, אלא עליה להתאים לספת העור האדומה.

"קופרמן אינו מעצים אלא מעמיק לחקור את מיתוס האמנות המקומית עם נטייה אמית [emic] למורבידי, לפלילי ולמופקר: הוא מצייר את עורו המקועקע של הפרט שנשללו ממנו זכויותיו החברתיות כיוון שהוא כלוא ודוגם את הפיג־מנטים מהאפידרמיס שלו העוברים לאורך כל שושלת אבותיו הארוכה אל לוח הצבעים שלו", אומר טוויטו כאילו הוא מצטט איזה טיעון.

"לא כל כך מנומס להגיד את זה במסיבה שמגישים בה נגיסים. לעומת זאת, כל הזדמנות מתאימה לדודות כדי להתרברב ביצירת האמנות החדשה שרכשו זה עתה מ"האמן הצעיר הזה, שיגיע רחוק'", אומרת רועי בקול צורמני בכוונה.

“Kuperman does not power but ponder the local art myth with an emic penchant for the morbid, the criminal and the licentious: he paints the tattooed skin of the individual deprived of social rights for he seats in jail and samples the pigments from his epidermis passing throughout the long line of ancestors onto his palette,” says Tweetu admiratively, as if quoting a critic.

“Not good form to tell at a party serving finger food. On the other hand, any occasion is good enough for the aunties to brag about the new artwork they just acquired from ‘this young upcoming artist’,” says Roey with a strident voice.

VIII

Dwelling in the Garden of Eden or when women come into power. In the cell. The temperature is approaching 40°C and cockroaches are crawling in from every nook and cranny.

The cellmates all sleep the sleep of the righteous when all of a sudden Tweetu feels pulled out from his feet and finds himself floating in a grotto where a young man is addressing a small crowd gathered around a fire.

"Although populations managed to change their living habits and reduce the consumption of fossil fuels by 2.1% by the end of the 21st century, a virus whose official name was *Cervisiam Palaestinæ*, commonly known as Maccabee, killed half the world's population in less than ten years. It was believed, although the bodies piled up too quickly for any coroner to obtain conclusive evidence, that it was first contracted by Chinese construction workers in the complex where the Reservoir was housed in downtown Tel Aviv, having evolved for more than a century in the miniature ecosystem of old Maccabee beer cans (hence the moniker) spared by the fire, which survived in an ancient refrigerator that maintained its low temperature thanks to being isolated from the Middle Eastern sun by huge sheets of fiberglass and other non-combustible artifacts. The virus' lightning-speed worldwide spread forced humanity's surviving half were to torch the corpses and make sure that this time, no artwork, and lifeform, microscopic or otherwise, would survive," says the young man.

"No one looks sad here though!" —says the floating Tweetu to himself— "They actually all look perfectly chilled.

"The presidents chanting to the tune of fake news (continues the speaker) dismissed the warnings and let the forests to the greed of unscrupulous entrepreneurs. The regulation of CO2 became impossible and the global temperature rose exponentially by 4.2 degrees in the year 2142 alone. The conditions

ח.

החיים בגן עדן או כשהנשים יעלו לשלטון. בתוך התא. הטמפרטורה מתקרבת לארבעים מעלות וחרקים מגיחים מכל החרכים.

חבריו לתא ישנים כולם שנת ישרים כשלפתע פתאום חש טוויטו משיכה חזקה בכפות רגליו ומוצא עצמו מרחף בחלל מערה שם פונה קול גברי לקהל שומעים קטן הנאספים סביב מדורה.

"למרות שאוכלוסיות שונות הצליחו לשנות את הרגלי חייהן ולצמצם את צריכת הדלקים המאובנים ב-2.1% עד סוף המאה ה-21, נגיף ששמו הרשמי היה Cervisiam Palaestinæ, אך נודע ברבים בכינוי "מכבי", הרג חצי מתושבי העולם בתוך פחות מעשר שנים. מקובל היה לחשוב, אף שהגופות נערמו מהר מכפי שפתולוג כלשהו ישיג הוכחה ניצחת, שהנשאים הראשונים היו פועלים סינים שעבדו במתחם בו שכן המאגר לשעבר, לאחר שהנגיף דגר במשך יותר ממאה שנה באקוסיסטמה המיקרוסקופית של פחיות בירה מכבי ישנות (ומכאן כינויו) עליהן חסה השריפה, ואשר שרדו במקרר עתיק יומין ששמר על טמפ־רטורה נמוכה הודות לכך שבודדוהו מהשמש המזרח-תיכונית לוחות ענק של פיברגלאס ושאר יצירות אמנות שאינן נוחות לבעור. המהירות המסחררת בה התפשט הנגיף אילצה את מחצית האנושות ששרדה לשרוף את הגופות, ולוודא שהפעם, אף יצירת אמנות, ואף צורת חיים, מיקרוסקופית או אחרת, לא תשרוד", הוא אומר.

"אבל אף אחד לא נראה כאן עצוב!" אומר טוויטו המרחף לעצמו. למעשה, כולם נראים רגועים להפליא.

"הנשיאים שזימרו את פזמון הידיעות הכוזבות", ממשיך הדובר, "דחו את האזהרות והפקירו את היערות לתאוות הבצע של יזמים חסרי מצפון. ויסות הפחמן הדו-חמצני נהיה בלתי אפשרי והטמפרטורה העולמית עלתה בשיעור מסחרר של 2.4 מעלות בשנת2142 לבדה. בשלו התנאים להתגשמות אחד מאותם תרחישים הוליוודיים הזויים. נגיף שהיה שפיר בעברו נהיה קטלני להחריד והפך לנורא שבאויבי האנושות אי-פעם."

טוויטו מרחף עדיין, נהנה מהטריפ.

"בסרט הוליוודי שהופק בעידן האדם הפיזיולוגי, בסוף הטוב היינו מצפים לראות קומץ שורדים צעירים שגזרתם הנאה ואמות המוסר המפוקפקות שלהם, כך נרמז, היו מולידים את האנושות החדשה. קשה היה לחשוב על משהו מספק יותר מאשר הפנטזיה של האנושות המכחידה את עצמה, אם להאמין לדימויים המראים כיצד נהרו ה'פיזיולוגים' אל אולמות הקולנוע כדי לצפות בבידור

were ripe for one of those harebrained Hollywood scenarios to become a reality."

Tweetu still floats, enjoying the trippy experience.

"In a Hollywood movie produced at the time of the physiological human, the happy end would feature a handful of young and beautiful survivors whose beautiful bodies and loose morals, it is suggested, would give birth to the new humankind. There was hardly anything more satisfying than the fantasy of humankind extinguishing itself, if we believe the images showing how the 'physiologicals' flocked to movie theatres to see the dystopian entertainment of the American film industry."

A young man sitting next to the speaker raises his hand asking permission to interject.

"It may sound weird to us but let me read you this part of Ami D. Headitor's diary:

'Last night, my dear wife dreamt of being forced to have sex with strangers in the name of science, while I dreamt of a nuclear disaster that would force surviving girls to have sex with me. I believe that in the American case, the obsession has to do with the historically unprecedented power of the American empire, making Americans wonder whether they are bound to become extinct like the dinosaurs (to name a sister obsession) or the Romans, or whether there is a panacea - some potion, the bomb, the American dream, the thanksgiving turkey- that can ensure their eternal dominion over the Earth.'"

"Ami D. Headitor's diaries have cast a very profound light on the psyche of the physiological beings" says the first speaker. "Thank you for reminding us of that classical passage, brother,"— and he goes on— "Whereas the American entertainment industry did predict and prepare the viewers for the end of the physiological human, they failed to predict the way in which it in fact happened as well as the end of the patriarchal society. Eventually, the survivors whom we call today the mothers ('mothers', because the act of giving birth to an artificial human was recognized as quintessentially female) were wise enough to accept that humankind was only but a stage in the evolution of

הדיסטופי של תעשיית הסרטים האמריקאית."

צעיר היושב בסמוך לדובר מצביע ומבקש רשות לקטוע את דברי הנואם.

"אולי זה יישמע מוזר, אבל אני רוצה להקריא לך קטע מיומנו של עמי אשר על העריכה (עאע"ע):

'אתמול בלילה, אשתי היקרה חלמה שכופים עליה לקיים יחסי מין עם זרים בשם המדע, בעוד שאני חלמתי על אסון גרעיני שיכפה על הצעירות שישרדו לקיים יחסי מין איתי. סבורני שבמקרה האמריקאי, האובססיה קשורה לעוצ־מתה של האימפריה האמריקאית, חסרת התקדים בתולדות האנושות, שגורמת לאמריקאים לתהות אם נגזר גורלם להיכחד כמו הדינוזאור (מעין אובססיה־אחות לאובססיה ההיא), או כמו הרומאים, או שמא קיימת תרופת פלא - שיקוי כלשהו, הפצצה, החלום האמריקאי, תרנגול הודו של חג ההודיה - שתוכל להבטיח להם שררת נצח בכדור הארץ.'"

"יומניו של עאע"ע אכן שפכו אור בוהק על הפסיכולוגיה של הפיזיולוגים" אומר הדובר הראשון. "תודה לך שהזכרת לנו את הקטע הקלאסי הזה, אחי", הוא ממשיך."בעוד שתעשיית הבידור האמריקאית בהחלט צפתה את קץ האדם הפיזיולוגי והכשירה את צופיה לבואו, היא לא הצליחה לחזות את האופן שבו התרחש הדבר בפועל, ואף לא את קץ החברה הפטריארכאלית. בסופו של דבר, הניצולים שאותם אנו מכנים כיום אימהות ('אימהות', על שום העובדה שהולדתו של אדם מלאכותי נחשבה כאקט נקבי ביסודו) היו נבונים דיים להשלים עם העובדה שהמין האנושי לא היה אלא שלב משלבי התפתחות החיים בכדור הארץ ופיתחו נגיף בשם 'מחר'. בלשנים, אמנים, נטורופתים, שמאנים והאקרים שיתפו פעולה כדי ליצור את מה שיהפוך לצורת החיים שלנו.

"'מחר' פשוט השתלט על האורגניזם החי בכך שהחליף כל תא גוסס בתא מלאכותי. הוא קודד מחדש את החיים אל קובץ שיכול היה לתפעל את הסינגו־לריות של האם על ידי שימור התנהגותה הגנטית, את חייה הפיזיולוגיים האר־כיטיפיים, ובכך איפשר את העידן האנושי המלאכותי. כל אימת שאדם פיזיולוגי חש בצורך, הוזרק לגופו הנגיף.

הגיוון שפיתחה האנושות לאורך העידנים השתמר. ה'השתלטות', כך אנו מכנים זאת כעת, התרחשה בדרכי שלום לאורך המאה ה-22, והיא נקשרת לא פעם עם עלייתן של הנשים לשלטון בתחילת המאה ה-21. בשיא שחרורן, הן שמו קץ לחברה הפאלוצנטרית השיכורה מוויאגרה שצרכה את הטבע לדעת ומנעה את התחדשותו כדי לספק את תאוותיה. חלפו פחות ממאה שנים עד שהבינו שהכרח הוא להוליד את בני מיננו, המסוגלים לחיות עם הטבע בשלום."

"איזה גיבוב של שטויות", אומר טוויטו לעצמו "האם זהו גן עדן ? זה נשמע לי כמו שאול תחתיות, למרות שהמדורה די זעירה, לא ממש אש הגיהינום."

"בתור בני אנוש תותבים (בא"ת, לא לבלבל עם באאד), אנו אחראים לדרגת

life on Earth and developed a virus called Tomorrow. Linguists, artists, naturopaths, shamans and hackers worked in a consensual process to bring about what would become our form of life.

Tomorrow simply took over the living organism by replacing each dying cell with an artificial one. It recoded life onto a file able to reactivate the singularity of the mother by preserving her genetic behavior, her archetypical physiological life, enabling the artificial human era. Whenever he or she felt necessary, a physiological person was injected with the virus.

The diversity humankind had developed over the eons was preserved. The 'takeover', this is how we now refer to it, occurred peacefully along the 22nd century and is often associated with women's coming into power at the beginning of the 21st century. At the apogee of their emancipation, they put an end to a Viagra-inebriated phallocentric society that consumed nature to extinction and prevented its regeneration for the sake of its own satisfaction. It took less than a century for women to understand the necessity of giving birth to our kind, a kind living in peace within nature."

"What the hell is that bullshit," says Tweetu to himself, "is this the Garden of Eden ? Sounds quite hellish to me, although the fire does seem too puny for purgatory."

"As artificial humans (AHs, not to be confused with art historians [AHs]), we are responsible for the degree of artificiality that can be reached within nature. The artificial humans' DNA is responsive to nature, thus putting an end to social-Darwinist humanity and its genocidal and ecological crimes. The more crowded it becomes, the more the population is prompted by nature to recalibrate, and so cities quickly became inefficient. AHs left them and the population on earth became more spread. Cities were preserved as amusement parks where we still reenact the customs of the physiological times – to serve as a warning for future generations.

Following the extinction of the physiologicals, trees developed to such an extent that air is now saturated with oxygen and the virus – all viruses , in fact – have settled down to a

המלאכותיות שניתן להגיע אליה בתוך הטבע. הגנום של בני האנוש המלאכותיים מגיב לטבע, מה ששם קץ לאנושות של עידן הדרוויניזם החברתי על עוולותיה האקולוגיות והאושוויציות. ככל שהצפיפות גוברת, כך דוחק הטבע באדם לכייל עצמו מחדש, ועל כן נזנחו עד מהרה הערים. הבא"תים נטשו אותן והאוכלוסיה התפזרה על פני כדור הארץ. הערים השתמרו כגני שעשועים שם עודנו משחזרים את מנהגי העידן הפיזיולוגי - כאזהרה לדורות הבאים.

בעקבות היכחדות הפיזיולוגים, התפתחו העצים עד כדי כך שכיום האוויר רווי בחמצן והנגיף - כל הנגיפים, למעשה - הסתגלו לקצב מאוזן. בניגוד לפיזיולוגים שהישרדותם הייתה מתוכננת על חשבון הדור הבא, הבא"תים מהווים חלק מהפל־נטה, בה אנו רואים אורגניזם חי."

טוויטו הצליח להשתלט על ריחופו ותימרן איכשהו את ישבנו כדי לנחות על כיסא לצד האחרים.

"איפה אנחנו? מה זה המקום הזה?" שואל טוויטו את האישה שלידו.

"אני לא יודעת", היא לוחשת לו. "איך הגעת לכאן?"

"מישהו משך לי ברגליים כשישנתי, ונחתתי כאן."

טוויטו מחייך, כיוון שהוא מזהה את הלך רוחות הרפאים של סרטו הרוחני. הוא שב ושואל את האישה:

"יש פה מישהו בשם איבליס?"

היא מצביעה על הדובר.

"... לפני שהאישה האחרונה עברה ל'מחר', עזרנו לה ליצור אנדרטה ענקית. כיום אף אחד לא מבין את הרלוונטיות שלה, אבל האנדרטה הזו, שנוצרה מכל המכו־נות שבנה המין האנושי אי-פעם, מתפקדת היטב כשטות החיונית שאנו מעוניינים לשמר. ולמעשה, האישה האחרונה כינתה אותה "כל עוד לא תבינו את ייעודה, תהיו בטוחים" (אנחנו קוראים לה 'כל עוד לא', או כע'ל, בקיצור). האנדרטה הזו גבוהה הרבה יותר מכל הר ועולה מתוך מעמקי האוקיינוס. ניתן לראותה ממרחק אלפי קילומטרים וכשמישהי חוצה אותה, היא אינה יכולה שלא להצטמרר: 'מחר זוכר'.

זמן קצר לאחר ההשתלטות, הגיע העידן הדיגיטלי אל קצו. רשמית, כל הפלטפו־רמות הדיגיטליות נדבקו בנגיף שהתברר שלא ניתן להתגבר עליו, ואשר השמיד את כל מאגר הנתונים שאגרה האנושות. בעקבות זאת באו עשרות שנות ייאוש, ונדמה היה שהאנושות תתדרדר לאיטה אל חשכת ימי הביניים, כיוון שרובם המכריע של בני האדם כבר לא ידעו קרוא וכתוב: תופעה נרחבת שאובחנה כבר בראשית המאה ה-21 כ'תסמונת השלמת המשפטים'."

מרחוק שומע טוויטו קול מוכר, קום, תתעורר. הקול הולך וגובר. למעשה, מישהו צורח לו בתוך האוזן: "קום כבר יא חתכת זבל!"

balanced rhythm. Unlike physiological humans whose survival was planned at the expense of the future generation, the AHs are part of the planet which we see as a living organism."

Tweetu had managed to control his floating and somehow maneuvered his ass to land on a chair beside the others.

"Where are we ? What is this place ?" Tweetu asks the woman next to him.

"I don't know," she whispers to him. "How did you get here ?"

"Someone pulled my feet in my sleep, and here I was."

Tweetu smiles, for he recognizes the spooky mood of Rokhni's film. He asks the woman again :

"Anyone here goes by the name of Iblis ?"

She points at the speaker.

"... Before the last woman shifted over to *Tomorrow*, we helped her create a huge monument. No one today sees the relevance of that but this monument, made of all the machines the human race has produced, seems to work as the necessary nonsense we like to preserve. And in fact, the last woman titled it, 'As long as you don't understand its purpose, you will be safe' (we call it 'As Long As', or ALA, for short). This monument is far higher than any mountain and rises from the depth of the ocean. It can be seen from thousands of kilometers away and when one crosses it, she cannot help but shiver : *Tomorrow* remembers.

Shortly after the takeover, the digital era ended. Officially, the digital platforms were infected by a virus that turned out to be incurable and destroyed the entire database humanity had collected. Decades of despair ensued and it seems that humanity would slowly be receding into the darkness of medieval times for the vast majority of humans had lost the ability to read and write : a widespread phenomenon diagnosed as early as in the 21st century as the 'auto-correct syndrome'."

From afar, Tweetu hears a familiar voice, "Wake up, wake up." —the voice becomes louder and louder. In fact, someone is yelling in his ear—"WAKE UP YOU LITTLE PRICK !"

IX

On various aspects of storytelling in photography. Next morning at Elchmannyahu's office. The fire department was unable to determine the cause of the fire that burned the tires on the first floor (and, parenthetically, BAAD, on the second).

"So Mr. Tweetu! Or is it Ms.?" — glancing at the snoring trans — "Have you slept well?"

"Like a baby!" he answers, although his eyes betray the truth.

"Mattress too hard for your French ass, was it?"

"No. Actually, we stayed up talking the whole night. It was like summer camp really. Fascinating people in 'your joint'!"

"Are you ready to spill the beans, then, or do you need some more convincing? Who are you?" —approaching— "Who is the real Mr. Tweetu?"

"Are clichés considered 'cruel and inhuman treatment' under the Geneva Convention?"

"How's that for inhuman treatment," says the detective as he tightens his hold around Tweetu's neck.

Whimpering, "OK, OK, I'll tell you everything. What happened to the scientific methods of inquiry? Is it not the digital age? Or are we back in the Middle Ages?"

The detective tightens his hold some more.

"OK, OK, but I don't know how I can help you, really... I'm just an artist, from time to time I curate, I don't make a lot of money, I'm like the rest of them, maybe a bit more frustrated, bitter or smarter..."

"That's not what Eytan Ben Moshe had to say about you," releasing his neck.

"He said I wasn't smart?" says Tweetu with a squeaky voice. "If there is one motherfucker in town, his name is Ben Moshe. This guy refused to lend his work to the Reservoir because he was concerned with the use that might be made of his work."

"And rightfully so!"

ט.

על היבטים שונים של סיפור סיפורים בצילום. בבוקר המחרת בלשכתו של אלכמניהו. הכבאים לא הצליחו לזהות את מקור השרפה שהבעירה את הצמיגים בקומה הראשונה (ודרך אגב, גם את בא"ד בקומה השנייה).

"נו, מר טוויטו! או שמא גברת טוויטו ? [מביט בטרנס הנוחרת] ישנת טוב ?"

"כמו תינוק!" הוא עונה, אף שעיניו מסגירות את האמת.

"המזרון היה קשה מדי בשביל התחת הצרפתי שלך ?"

"לא. למעשה נשארנו ערים ושוחחנו כל הלילה. זה היה כמו בקייטנה. פוגשים אנשים נהדרים כאן 'אצלך'!"

"אז אתה מוכן להתחיל לזמר, או שאתה צריך עוד קצת שכנוע ? מי אתה ? [מתקרב אליו] מיהו מר טוויטו האמיתי ?"

"האם נחשבות הקלישאות ל'יחס אכזרי ובלתי אנושי' בהתאם לאמנת ז'נבה ?"

"אני אראה לך מה זה ז'נבה - פה זה לא שווייץ" [אומר הבלש תוך שהוא מהדק את אחיזתו בצווארו של טוויטו]

"[נאנק] בסדר, בסדר, אני אספר לך הכל. מה קרה לשיטות החקירה המד־עיות ? אנחנו לא בעידן הדיגיטלי ? או שאולי חזרנו לימי הביניים ?"

[הבלש מהדק עוד קצת את אחיזתו]

"אוקיי, אוקיי, אבל אני באמת לא יודע איך לעזור לך. באמת... אני רק אמן, לפעמים אני אוצר, אני לא מרוויח הרבה כסף, אני כמו כולם, אולי קצת יותר מתוסכל, מריר יותר או חריף יותר..."

"זה לא מה שאיתן בן משה אמר עלייך. [משחרר את אחיזת החנק]"

"הוא אמר שאני לא חריף ? [אומר טוויטו בטון צייצני]. אם יש בן זונה אחד בעיר, זה בן משה. הוא סירב להשאיל את עבודתו למאגר בגלל שהוא היה עסוק ב'שם' שלו - בשימוש שאולי ייעשה ביצירה שלו."

"ובצדק!"

"כן, בסדר, אבל הבן משה הזה משווק את עצמו כמין אנדרדוג בלי שום פחד להצטייר כבלתי תקין פוליטית: 'העבודה שלי מגעילה להפליא, בתיאבון'. אז מדוע לחשוש מהשימוש שעלול היה להיעשות בעבודתו ?"

"מה עם שמחה שירמן ?"

"מה עם ה-SS ?"

"SS ?"

"כך הוא חותם על היצירות שלו. שירמן הוא אמן מופעים נהדר שנוהג

“Yes, granted, but that Ben Moshe markets himself as a sort of underdog with little care for the politically correct : ‘My work is beautifully disgusting, bon appetit’. So why fear the use that could have been made of his work ?”

“How ‘bout Simha Shirman ?”

“What with SS now ?”

“SS ?”

“That it is how he signs his works. Shirman is a great performance artist who happens to use only photography. Shirman’s presence, or where he stands when he presses the button of his camera, is derived from a ritual taking place in his studio whereby the images he produces are its byproduct. He is truly one of the last victims of the Holocaust. The core work of Shirman is his studio.”

“He was born in 1947...”

“Yes but he is a survivor and his yearning for a system betrays him. One example is how he clings to the last silver-based photographic papers scarcely to be found in the market. He claims that there is only so much available (probably of the kind he has been using for the past 40 years or so) and that his own and the world’s reservoir is about to end.”

“Are you trying to say that he would be a sort of last analogue survivor ?”

“Of course. His studio is organized around cabinets. Each of these cabinets are full of printed images.”

“And ?”

“If you enter a photographer’s studio today, like the one of Ilit Azoulay, you will most likely find a desk and, well, a desktop computer. Her archive : her hard disks and many unidentified objects hanging on the walls. Setting herself free from, on the one hand, the American influence overshadowing Israeli photography and from the German typology disciplining it on the other. Her work stems from a technique foretelling the newest technologies in photography. But it is certainly not the technical aspect of her work that makes it so accurate to its Middle-Eastern context. Driven by a will to tell, to tell stories,

להשתמש בצילום בלבד. נוכחותו של שירמן, או המקום שבו הוא עומד כשהוא לוחץ על כפתור המצלמה שאובים מטקס ספציפי מאוד שנערך בסטודיו שלו, שהדימויים שהוא מפיק הם תוצר הלוואי שלו. הוא באמת אחד מניצולי השואה האחרונים. עבודתו המהותית של שירמן היא הסטודיו שלו."

"הוא נולד ב-1947..."

"כן, אבל הוא ניצול וההשתוקקות שלו לשיטה בוגדת בו. דוגמא אחת היא הדבקות שלו בניירות הצילום מבוססי הכסף האחרונים שכבר כמעט אי אפשר למצוא בשוק. הוא טוען שיש רק כמות מסוימת שנשארה (כפי הנראה מהסוג בו השתמש בארבעים השנה האחרונות) ושהמאגר שלו ושל העולם כולו עומד להסתיים."

"אתה מנסה לומר שהוא יהיה מעין שורד אנלוגי אחרון ?"

"כמובן. הסטודיו שלו מאורגן בארוניות. כל אחת מהארוניות מלאה בדי־מויים מודפסים."

"נו ?"

"אם תיכנס היום לסטודיו של צלם, כמו זה של עילית אזולאי, אתה צפוי למצוא שולחן ועליו מחשב, כמובן. הארכיון שלה הוא מההרד-דיסק ושלל חפצים בלתי-מזוהים שנתלים מהקירות. היא משחררת עצמה מההשפעה האמריקאית המאפילה על הצילום הישראלי מחד גיסא ומהטיפולוגיה הגרמ־נית שכופה עליה משמעת מאידך. היצירה שלה נובעת מטכניקה פורצת דרך המנבאת את הטכנולוגיות החדשניות ביותר בצילום. אבל ודאי שאין זה ההיבט הטכני של יצירתה שהופך אותה למדויקת כל כך ביחס להקשרה המזרח-תיכוני. מונעת על ידי הרצון לספר, לגולל סיפורים, היא אוספת אותם ומאזינה להם בקפידה. לא פעם משוללי הגיון וחסרי פשר, הסיפורים המסופרים בעל פה, שלרוב הם לא הגיוניים ולא סבירים, מסייעים ביצירתה של איזושהי סטרוק־טורה שאחר כך הופכת לאוסף נתונים. משוחררת מהארגון המדעי של נתונים, היא מפוררת עוד את הבלתי-אמצעיות שהגדירה בעבר את המדיום הגברי, תוך שהיא מגיעה לשיא ברגע המכריע. יצירתה מתנהלת בקצב של שחרור איטי ומכתיבה למדיום כיוון שונה לגמרי: ארכיאולוגיה אופקית/חברתית שלאורכה מצליחים הדימויים שלה להפוך לנראה את שההסטוריוגרף הגבר הלבן ייעד במתכוון לתהום הנשייה.

היחס של שירמן להיסטוריה מורבידי כמעט כשהוא משחזר את זיכרונו־תיו. בסטודיו שלו, אתה ממש הולך מסביב לערימות של תמונות שמגבילות את חופש התנועה שלך, או שלו. אחת התמונות שהייתי רוצה ששירמן ישים במאגר היא תמונה שצולמה בתוך הצריפים של אושוויץ-בירקנאו. מחשכת הצריף, הוא מצלם את מגדל הצילום שבחוץ שאורו הבוהק נראה ממוסגר בדלת של הצריף החשוך. זה משקף כיצד, מחשכת הסטודיו שלו, כשהוא מדליק את אור

she collects them and listens to them carefully. The often illogical, unreasonable orally narrated stories help at articulating a structure that then becomes data. Freed from the scientific organization of data, she further undoes the immediacy that used to define the male-dominated medium climaxing at the decisive moment. Her work is on slow-release mode and sets the medium in an entirely different path: a horizontal/social archeology along which her images manage to make visible what the white-male historiographer was intentionally redirecting towards oblivion.

Shirman's relation to history is almost morbid as he reenacts memories. In his studio, you are literally walking around piles of images restraining your or his movement in space. One of the images I would have liked Shirman to place in the Reservoir is a photo taken within the barracks of Auschwitz-Birkenau. From the darkness of the barracks, he shoots the watchtower outside whose glaring light appears framed in the door of the dark barrack. It reflects how, from the darkness of his studio while he turns on the light of his Focomat, a bright rectangular projection then appears and prefigures the outer world." ☛ (17)

"Oh yes, I know this photo as well."

"It is revenge. He the Jew who survived to shoot that photo, it has to be a performative act. The analogue quality in Shirman's work is truly exceptional at demonstrating materiality wrapped around the genealogy of the medium and its relation to industrial modernism via his own biography. When I visited him in his studio, he told me about the disappearing reservoir of silver paper; I could picture him cashing his chips while printing the last image on his last silver paper."

"What will it be?"

"Well, perhaps there will be two images to relate to. The one he intended to print and the one that was printed instead. I would imagine that in a tragic analogue death, his hand would get stuck on the timer of his Focomat, thus exposing all the silver halides – way too much light would produce a black image." ☛ (18) (19)

"How tragic is that!"

הפוקומט, הקרן מלבני מופיע ומבשר את העולם שבחוץ." (17)

"כן, אני גם מכיר את התמונה הזאת."

"זו נקמה. הוא היהודי ששרד כדי לצלם את התמונה הזו, זה חייב להיות אקט פרפורמטיבי. הסגולה האנלוגית בצילומים של שירמן באמת יוצאת מגדר הרגיל בהמחישה את החומריות בה שקועה שושלת היוחסין של המדיום והיחס בינה לבין מודרניזם תעשייתי דרך הביוגרפיה שלו עצמו. כשביקרתי אותו בסטודיו שלו, הוא סיפר לי על המאגר ההולך ומתכלה של נייר כסף; יכולתי לדמיין אותו סוגר את הבאסטה לאחר שהדפיס את הצילום האחרון על נייר הכסף האחרון שלו."

"מה תהיה התמונה הזאת ?"

"אולי בעצם זה יהיה שתי תמונות. זו שהתכוון להדפיס וזו שהודפסה במקומה. אני מדמיין איך במוות אנלוגי טראגי, ידו תיתקע על הטיימר של הפוקומט שלו, ובכך תחשוף את כל הלידי הכסף - יותר מדי אור יגרום לצילום להיראות שחור לגמרי." (19) (18)

"אכן טרגדיה!"

"הצילום על הנגטיב שהניח על מכשיר ההגדלה אולי יהיה של אשתו. הדפסה מחודשת של דיוקנה כשהיא מגיעה לאביונה במהלך התעלסותם: דימוי משנות השבעים."

"מדוע הדימוי הזה דווקא ?"

"בגלל שאני מאמין שעמוק בתוכו, רצונו של שירמן לשרוד הונע על ידי הקסם שהילך עליו מנגנון ההרג המתוזמר של הנאצים."

"ארוס ותנטוס!"

"נראה לי, כן. אוקיי, מר בלש! הייתי מאוד שמח להמשיך לקשקש איתך אבל יש לי עוד יום ארוך ואתה צריך אולי לעשות משהו בקשר לילדה הקטנה, לא ?"

"גיסי מטפל בזה, כך שאני יכול לבלות קצת יותר זמן איתך."

"חמוד, ממש מטפלת."

"מה בקשר לדאום ? יש לך משהו לספר לי עליו ?"

"אתה בהחלט שולט בחומר! דרור דאום הוא אחד מתלמידיו של ש.ש. חייו האישיים מאוד פרטיים אבל הפרקטיקה שלו מסגירה את ההתנהלות שלו במעבר מהאנלוגי לדיגיטלי. מר בלש, אני רוצה להציע לך דיאלוג דמיוני."

"הי, מאהב לוהט", אומרת האשה שעל הדימוי "ללא כותרת (בחור קנאי)".

"הי..." עונה דאום, מוטרד מהקול הדמיוני הזה המוכר לו היטב. "את לא אמיתית, הוא אומר. את רק פרסומת ממגזין לריהוט מודרני."

"אבל אתה אוהב אותי, לא ? וזה מוזר, אבל אני נראית כמו אשתו לשעבר של החבר הכי טוב שלך!"

"The image on the negative he placed on the enlarger might be one of his wife. A reprint of her portrait climaxing during their intercourse: an image from the 70s."

"Why that image?"

"Cause I believe that deep inside him, Shirman's will to survive was fueled by his fascination with the machinery of death orchestrated by the Nazis."

"Eros and Thanatos!"

"I guess, yes... Ok detective! Love to chat with you but I have a long day ahead of me and you might have to do something about the little girl case, right?"

"My brother in Law is taking care of it so that I can spend a little more time with you."

"Touching, a real nanny."

"How about Daum? Anything to tell me about him?"

"You certainly seem to be on top of things! Dror Daum is one of SS's disciples. Daum's personal life is very private but his practice betrays a clear input of how he negotiated the turn from the analogue to the digital. Detective, let me offer an imaginary dialogue for you."

"Hey 'Passionate Lover'," says the woman on the *Untitled (Jealous Guy)* image.

"Hi..." answers Daum, annoyed at this imaginary voice he knows all too well. "You're not real," he says. "You are only a magazine ad for modern furniture."

"But you love me, don't you? And strangely enough, I look like your good friend's ex-wife!"

"Oh yeah baby! I like it when you do that voice."

"You mean that voice, says a soothing voice in his head."

"Stop that, or I'll shoot back at you and go digital!"

"What do you mean?" answers the woman in the photo, slightly frightened.

"Yes, I'm going digital. Anything for the lame and cheap digital love. The one anyone can contemplate if only connected – while you, you will remain imprisoned in your magazine!"

"You're so cute. Do you really think you can get rid of me and

"תמשיכי ככה, מותק! אני אוהב שאת עושה ככה עם הקול שלך."

"אתה מתכוון לקול הזה" אומר קול מרגיע בראשו.

"מספיק עם זה, או שאני אירה בך בחזרה ואעבור לדיגיטל!"

"למה אתה מתכוון?" עונה האישה בתצלום, מעט מבוהלת.

"כן, אני עובר לדיגיטל. הכל למען האהבה הדיגיטלית העלובה והזולה. זו שכל אחד יכול להתחבר אליה אם הוא רק יהיה מחובר - בעוד שאת, את תישארי כלואה לנצח בין עמודי המגזין שלך!"

"אתה כזה חמוד. אתה באמת חושב שאתה יכול להיפטר ממני ופשוט לעבור לאיזו פרחה דיגיטלית? אני אתן לך לעשות את הסיבוב הקטן שלך ואתה תחזור על ארבע כמו תמיד. אני מרתקת אותך!"

"את תישארי 'ללא כותרת' כמו כולן!"

"מה בקשר לדאום? יש לך משהו לספר לי עליו?"

"זה באמת נשמע כאילו לא ישנת בלילה", אומר הבלש.

"אתה לא צריך לפחד מכלום, מר בלש", אומר טוויטו באותו הקול המרגיע, "זה רק סיפור, יצירה ספרותית."

"אתה חולה בראש, טוויטו, הסופרים הם הכי גרועים."

"ואתה אלכמניהו המתוסכל. אין לך בדל של ראיה! אין לך חיים!"

"נו, אז תמשיך..."

"כמו שירמן או אזולאי, דאום הוא מספר סיפורים. הוא משתמש בדרמה האישית שלו ומתרגם אותה לשפת הצילום. כמו רבים מבני דורו, דאום הוא יוצר דימויים. הוא מתרגם, הוא מתמלל, כדרך לפענח את עולמו הרגשי ואת המדיום הצילומי. מפחד לחיות, מפחד למות, התערוכה המאוד אוטוביוגרפית שלו רוויה באקטואליות של המדיום הצילומי. היכן שנמצא המוות, התשוקה מתכלה וייצוגה הוא אנלוגי; היכן שנמצאים החיים, הבדידות זועקת לעוד תשוקה וייצוגה מתקבל על נייר. תהליך ההדפסה אינו מתקיים עוד בחדר החשוך: הכל יכולים לראותו שעה שראש המדפסת רץ מצד לצד וחושף בהדרגה את הדימוי. היכן ניתן למצוא אינטימיות? צועק דאום. שכן היכולת שלו לצרוך את תשוקתו, יכולת שהיא חסרת מעצורים, מפנה אצבע מאשימה כלפי ההדפס האחרון של שירמן.

simply go for some digital chick? I'm going to let you do your little tour and you'll come crawling as you usually do. I fascinate you!"

"You will remain 'untitled' like any other!"

"It really sounds like you had a sleepless night," says the detective.

"There is nothing to be afraid of, detective,"—says Tweetu with the same soothing voice— "it is only a story, a work of fiction."

"You are a sick fuck, Tweetu, writers are the worst."

"And you are frustrated Elchmannyahu. You have no case! Get a life!"

"Go on then..."

"Like Shirman or Azoulay, Daum is a storyteller. He uses his personal drama and translates it into the medium of photography. Like many of his generation, Daum is an image-maker. He translates, he transcribes, as a means of decoding his own emotional world and the photographic medium. Scared to Live, Scared to Die, his highly autobiographical exhibition is intricate with the actuality of the photographic medium. Where death is, desire is consumed and its representation is analogue; where life is, loneliness cries out for more desire and its representation is propelled upon a paper. The printing process no longer takes place in the dark: everyone can see it as the head of the printer runs side to side slowly uncovering the image. Where is intimacy to be found? Cries out Daum. For his unrestrained ability to consume his desire points accusingly at Shirman's last print."

X

Smiling is not really a choice but the default expression triggered by the reshaped zygomatic bone of the aunties as they met in the Tel Aviv Museum gathered by Doron Rabina, their mascot.

Brilliantly casted and directed by Lior Waterman, the following short scene stages the Aunties quoting Zygmunt Bauman in a choral setup at the entrance of the Tel Aviv Museum. And here they come again, singing in unison to a deep but slow tech beat composed by Oz Malul, dressed by their favorite artist, who for the occasion had created an orange and green patterned fabric reminiscent of a tropical forest, Gil Yefman, for (and they all go in chorus) he showed his work at the Louis Vuitton Foundation from the LVMH luxury group.

[Gil blemishes at the sound of the comment]

"Music!" Shout Lior at Oz Malul to let his composition invade the hall of the Museum with a loud sound.

And here they go, expectedly out of tune, emitting strident sounds whose pitch is skillfully transformed by Malul into a trance-like track – a music genre he does not particularly like but which he found appropriated in this picturesque farce.

"The bureaucratic culture which prompts us to view society as an object of administration, as a collection of so many 'problems' to be solved, as 'nature' to be 'controlled', 'mastered' and 'improved' or 'remade', as a legitimate target for 'social engineering', and in general, a garden to be designed and kept in the planned shape by force (the gardening posture divides vegetation into 'cultured plants' to be taken care of, and weeds to be exterminated), was the very atmosphere in which the idea of the Holocaust could be conceived, slowly yet consistently developed, and brought to its conclusion."[17] ☛ (20)

י.

החיוך אינו באמת בחירה אלא ברירת המחדל של הדודות כשהן נפגשות במוזיאון תל אביב שם כינס אותן דורון רבינא, אמן המחמד שלהן.

בבימויו של ליאור ווטרמן, כאן הן שבות ומתכנסות, שרות בקול אחד למשמע קצב טכנו איטי שיוצר עוז מלול, לבושות בבגדי האמן האהוב עליהן, שלכבוד האירוע יצר בד עם תבניות כתומות וירוקות המזכירות יער טרופי, גיל יפמן, שכן (וכולן שרות במקהלה) הוא הציג את עבודתו בקרן לואי ויטון מקבוצת היוקרה LVMH. [גיל מסמיק למשמע המחמאה]

"מוזיקה!" שואג ליאור לעוז מלול כדי שייתן ללחן שלו לחדור לאולם המוזאון בקול רם.

והדודות מתחילות לשיר, מזייפות כצפוי, משמיעות צלילים צורמניים כבטרנס.

"התרבות הבירוקרטית שמעודדת אותנו לראות בחברה מושא של האדמיניסטרציה, אסופה של כך וכך 'בעיות' שיש לפתור, סוג של 'טבע' בו צריך 'לשלוט' ושאותו צריך 'למשטר' ו'לשפר' או 'לשפץ', יעד לגיטימי ל'הנדסה חברתית' ובכלל, גן שיש לעצב ולשמר בכוח כפי שתוכנן (גישת הגינון מחלקת את הצמחייה ל'צמחי תרבות' שאותם יש לטפח ולעשבים שוטים אותם יש לבער), אותה תרבות היא זו שבה יכול היה רעיון השואה לנבוט, להתעצב באצבעות גנן מסורות אך נחושות, ולצאת מן הכוח אל הפועל."[14] [15]

☚ (20)

XI

Malul recorded this unexpected choral and will play it in loop, uninterruptedly regardless of the visiting hours, everyday for one month. Of ways to infiltrate the mind of a bureaucrat and highjack the system he represents. Noon. Police HQ – the lawyer.

"Hi Ido, thank you for coming so quickly."—whispering to one another— "This detective is driving me crazy."

"Is he ? What's his story ?"

"He is Yaari's brother in law."

"Sharon Yaari ?"

"Yes."

"And what's his name ?"

"Elchmannyahu. Go figure.... He keeps asking me questions about the artists of the Reservoir."

"He probably thinks some disgruntled artist did it. An inside job."

"Interesting theory, but what does it have to do with me ? Why keep me here ?"

"Let me talk to him."

When at work, Ido Michaeli deals directly with the public sphere, often via bureaucracy, the nuts and bolts of which he knows like the back of his hand. Of course, bureaucracy is a machine, but it nonetheless shapes us as social beings and ultimately controls us. Who is not put off by reading a form with insultingly stupid questions aiming at assessing your profile or eligibility ? Who has not lost her mind while spending hours and even days at solving a bureaucratic issue ? Ido Michaeli. He has the soul of a bureaucrat but unlike Kafka, he embodies the monster it makes of him and uses it as second nature to unveil the laissez-faire attitude shaping the local Israeli culture. In a word, a double agent.

"It will be OK, bro," laughs Ido.

Michaeli enters the large offices where all the big detectives are seating and spots his man point-blank. As he approaches, the

יא.

על דרכים להסתנן לתודעת הבירוקרט ולהשתלט על הממסד אותו הוא מייצג.
שעת צהריים. מטה המשטרה - עורך הדין.

"הי עידו, תודה שהגעת לכאן כל כך מהר." לוחשים זה לזה.

"הבלש הזה מחרפן אותי."

"באמת? מה הקטע שלו?"

"הוא גיסו של יערי."

"שרון יערי?"

"כן."

"ואיך קוראים לו?"

"אלכמניהו. לך תדע... הוא כל הזמן שואל אותי שאלות על האמנים מהמאגר."

"הוא בטח חושב שאיזה אמן מיוסר עשה את זה. עבודה מבפנים."

"תיאוריה מעניינת, אבל איך זה קשור אליי? למה להחזיק אותי כאן?"

"תן לי לדבר איתו שנייה."

בעבודתו, עידו מיכאלי מתמודד במישרין עם הזירה הציבורית, לא פעם דרך הבירוקרטיה, שאת מבוכי מסדרונותיה הוא מכיר ככף ידו. כמובן שהבירוקרטיה היא מכונה, אבל היא בכל זאת מעצבת אותנו כיצורים חברתיים ובסופו של דבר שולטת בנו. מי לא נתקף גועל למקרא טופס ובו שאלות מטופשות עד להעליב, שמטרתן למדוד את הפרופיל שלך, או את הזכאות שלך? מי לא איבד את שפיותו לאחר שכילה שעות ואף ימים בהתמודדות עם סוגיה בירוקרטית? עידו מיכאלי. יש לו נשמה של בירוקרט, אבל בניגוד לקפקא, הוא מגלם את המפלצת שהיא עושה ממנו ומשתמש בגילום זה כטבע שני, על מנת לחשוף במערומיה את גישת השוק החופשי המעצבת את התרבות הישראלית המקומית. בקיצור, עידו הוא סוכן כפול.

"הכל טוב אחי", צוחק עידו.

מיכאלי נכנס למשרדים המרווחים שם יושבים כל הבלשים הגדולים ומזהה את האיש שלו כהרף עין. בהתקרבו, הוא רואה את הבלש שקוע בשיחה עם יאיר מניאקיהו, כפי הנראה יזם המופקד על בניית האגף החדש של מוזיאון תל אביב.

מיכאלי נמלא שמחה לנוכח נוקשותו של הפקיד הקפדן שכן הלה נהיה לטרפו, למקור השראתו. דרכו מתחילה המערכת לגלות טפח ולחשוף את פגמיה. ואמנם, נוקשותו של הפקיד אינה אלא מצב תודעה - היא נועדה

detective is busy with Yair Maniakyahu, apparently an entrepreneur in charge of building the new wing of the Tel Aviv Museum.

Michaeli rejoices at the rigidity of the rigorous clerk for he becomes his prey, his inspiration. Through him, the system starts to unfold and show its imperfection. Indeed, the clerk's rigidity is not only a state of mind – it is there to conceal the inconsistency of the administration pervading his morals. The bureaucrat's lower back is aching, for his lumbar discs are pressured by the backward rotation of the pelvis induced by his chair. His head is forced forward and his shoulders curved to compensate for the weight transfer: at his desk, he sits for long hours, never worrying the building entrepreneurs like Yair N., for he barely makes it out of the AC to supervise the regulation of building sites.

"The hell with it," says Yair Maniakyahu. "She's not dead after all."

Slightly sneering at the upset father sitting next to him, whose little girl was almost crushed to death by the bulldozer he was maneuvering.

"After all, destroying an old building in place of which yet another 'exclusive' building will be erected is more important than the life and health of a little girl. Isn't it ?" says Mr. Elgrably, maintaining his calm only with difficulty.

"Only scared to death," says Elchmannyahu with real anger .

The father is about to jump and choke Yair Maniakyahu.

"I hope you have a good lawyer," says Elchmannyahu, "because I'm going to find a way to make you bite the dust."

"Well, detective Elchmannyahu, I doubt that the court will even look at this case, as they are too busy trying not to prosecute our prime minister."

Later, Michaeli will create a fake stamp with the effigy of Mr. Elgrably's daughter and send a letter expressing Yair. Maniakyahu's excuses to the little girl and her family. He often reinjects certain humanity in the paper artefacts the state produces as a way to celebrate or/and impose its supremacy. So Michaeli thwarts that no less fabricated historical legitimacy as he inserts some obscure celebrity into the gallery portrait of

להסוות את הסתירות הפנימיות של הממסד המערערות את עמדתו המוסרית. גבו התחתון של הבירוקרט דואב, שכן דיסקיות עמוד השדרה שלו נלחצות זו אל זו על ידי התנועה הסיבובית לאחור של אגנו שכופה עליו הכיסא. ראשו דחוק קדימה וכתפיו מכופפות כדי לפצות על העברת המשקל: הוא ישוב על שולחנו לשעות ארוכות, ולעולם אינו מעורר דאגה בלבם של קבלנים כדוגמת יאיר נ., כיוון שהוא בקושי יוצא מהמזגן כדי לפקח על אתרי בנייה.

"לעזאזל עם זה", אומר יאיר מניאקיהו. אחרי הכל, היא לא מתה.

הוא שולח מבט מתגרה אל האב העגום היושב לידו, שבתו הקטנה כמעט נמחצה למוות על ידי הדחפור בו נהג.

"אחרי הכל, הריסת מבנה ישן שעל חורבותיו יקום עוד מבנה 'יוקרתי' חשובה יותר מחייה ובריאותה של ילדה קטנה. לא ככה?" אומר מר אלגרבלי, שבקושי מצליח לשמור על קור רוח.

"היא רק נבהלה עד מוות", אומר אלכמניהו, "ורגלה וזרועה נפגעו קשה."

האב עומד לזנק לעברו של יאיר נ. ולחנוק אותו קשה.

"אני מקווה שיש לך עורך דין טוב", אומר אלכמניהו, "בגלל שאני הולך למצוא דרך להכניס אותך לכלא."

"נו, בלש אלכמניהו, אני בספק אם בית המשפט אפילו יציץ בתיק הזה, בגלל שהם עסוקים מדי בניסיון לא להגיש כתב אישום נגד ראש הממשלה שלנו."

מאוחר יותר, מיכאלי יזייף חותמת ויטביע אותה על שמה של בתו של מר אלגרבלי וישלח מכתב המבטא את תירוציו של יאיר נ. לילדה הקטנה ולבני משפחה. לא פעם הוא מסנן מחדש שמץ של אנושיות אל תוצרי הדפוס שמפיקה המדינה כדרך לחגוג ו/או לכפות את עליונותו. כך מסכל מיכאלי את אותה לגי־טימיות היסטורית שאינה פחות מזויפת, בבואו להחדיר ידוען עלום כלשהו אל תוך דיוקן הגלריה של האומה. הדבר מרמז איכשהו לתפקיד העולמי המתרחב של העמותות המופקדות על גישור הפערים של מפלגות השמאל חדלות־האישים העסוקות בשיבה לשלטון על דרך הפוליטיקה המלוכלכת, כיוון שאין להן הצעות של ממש שניתן למשוך איתן את ציבור הבוחרים, ושאותו מצליח הימין לפתות בבדותות המוכרות לנו היטב.

"עשית יופי", אומר עידו, מברך את הבלש.

"ומי אדוני?"

"עידו מיכאלי. פרקליטו של מר טוויטו."

"הוא יכול ללכת הביתה, בינתיים. אבל הוא חייב להישאר בעיר."

"אני מאוד בספק אם טוויטו יעזוב את העיר", צוחק עידו למשמע תשובתו הקולנועית של הבלש.

the nation. It somehow hints at the worldwide growing role of the NGOs while they bridge the gaps of the ineffective leftwing parties busy at regaining power by way of dirty politics for they lack real proposals to attract the electorate which the right can lure with the stupidities we know too well.

"Well done," says Ido, congratulating the detective.

"And you are ?"

"Ido Michaeli. Mr. Tweetu's lawyer."

"He can go home, for now. But he has to stay in town."

"I doubt that Tweetu will leave town sir," laughs Ido at the officer's cinematic reply.

XII

Same day, early evening. Tweetu at his desk writing the text for Guy Avital's catalogue of the exhibition he's about to open at the Israel Museum of Art in Jerusalem.[18]

Guy Avital is a painter with the right skills for the medium: medium-size brain on top of a big ego with exquisite intuitions and a strong will to follow them. The problem is the medium-size brain – although it is a curious one, it is also an insecure one. Knowledge, or rather information, looms over it rather easily and so it feels at home in the shadow of the books in libraries. Since the historiography of local painting available is rather slim, the only escape is towards the long and extensively documented Occidental narrative of the history of art. Incessantly quoting and reinterpreting the masters keep his work out of tune and touch with the local, one may argue. But how to paint when you are not an Occidental, and a Jew, to boot, haunted by aniconism? [19] ☛ (21)

Some have made it clear that the distinction between painting a wall and painting a canvas mustn't be that great and that after all, we live in want of matter and not in the overfed west. But that kowtowing imported by the Western Jews is reminiscent of their ghetto or Shtetl attitude and Avital comes from a family that lived for more than five hundred years in Palestine, and legitimately so he rejects this opportunist take on the Arte Povera, which is no less than yet another cultural import, albeit a poor one.

And so, yes, he looks at the Italians, quotes the ancient Greeks and filters out what may resonate with his roots. In fact, some fifteenth-century artists, perhaps Leonardo among them, have moved freely between Christian and Muslim cultural centers.

> [...] Qaitbay [d. 1496] was in fact the [most] cultivated and culturally ambitious Mamluk sultan at this

יב.

באותו היום, בין ערביים. טוויטו יושב לשולחנו וכותב את הטקסט לקטלוג של גיא אביטל לקראת התערוכה שהוא עומד לפתוח במוזיאון ישראל.

גיא אביטל הוא צייר שניחן בכל המיומנויות הנדרשות כדי לייצר תמונה: בינה בינונית שיושבת על אגו ענק עם אינטואיציות דקות כשערות מכחול ותשוקה עזה ללכת בעקבותיהן אל הבד. הבעיה היא בינוניות הבינה - אף שהוא מגלה טפח של סקרנות, מכסים עליה טפחיים של חוסר ביטחון. הידע, או ליתר דיוק המידע, מאפיל על תודעתו בקלות יחסית, ועל כן הוא מרגיש בבית בצל הספרים שבספרייה. כיוון שההיסטוריוגרפיה של הציור המקומי די דלה, המפלט היחיד הוא אל הנרטיב הממושך והמתועד לעייפה של תולדות אמנות המערב. צטטנות בלתי-נלאית ופרשנות דקדקנית של יוצרי המופת שומרים על מרחק רעיוני ורגשי בינו לבין המקומי, כך יש הטוענים. אבל איך אפשר לצייר כשאינך בן המערב, ובנוסף לכך גם יהודי, רדוף אנאיקוניזם?[16] (21)

היו שהבהירו שהאבחנה בין צביעת קיר לציור על בד אינה חייבת להיות כה משמעותית וכי ככלות הכל, אנו חיים בדלות החומר ולא במערב שעל סיר הבשר. אבל ההתרפסות הזו שייבאו עמם יהודי אשכנז מזכירה את גישת הגטו או השטעטל שלהם ואביטל בא ממשפחה שהתגוררה יותר מחמש מאות שנה בפלשתינה, ובאופן לגיטימי, כך שהוא דוחה את האימוץ האופורטוניסטי הזה של הארטה פוברה ("האמנות הדלה"), שהיא אינה אלא יבוא תרבותי, אם כי דל.

משום כך, הוא אכן מסתכל אצל האיטלקים, מצטט את היוונים הקדמוניים, ומסנן החוצה את מה שעשוי להדהד את שורשיו. למעשה, כמה אמנים בני המאה ה-15, אולי ליאונרדו ביניהם, נעו בחופשיות בין מרכזי התרבות הנוצריים והמוסלמיים.

> קאיתבאי [נ. 1496] היה למעשה הסולטן הממלוכי המשכיל ובעל השאיפות התרבותיות [המשמעותיות ביותר] בתקופה זו. הודות למחקריהם השיטתיים של חוקרי המזרח בני זמננו כגון ג'וליאן רבי וגילרו נג'יפולו, יש בידינו תיאורים מתועדים היטב לאופן שבו נשלחו אנשים כמו בליני, קונסטצו דה פרארה ומתיאו דה פאסטי ל"חילופי אמנים" ממושכים במזרח על ידי פטרוניהם בתקופה זו.[17]

יש משהו עטור תהילה בעבודתו של אביטל, דבר-מה שמהדהד את העבר, מספר על בושתם של אותם מזרחים המגבילים את עצמם למופשט מתוך חשש

> date. Following the scrupulous work of contemporary Oriental scholars such as Julian Raby and Gülru Necipoğlu, we now have properly documented accounts of the way in which individuals such as Bellini, Costanzo da Ferrara and Matteo de' Pasti were sent on extended artistic "exchanges" to the East by their patrons in this period. [20]

There is something glorious in Avital's work, something that resonates the past, with the shame of those Eastern Jews restraining themselves to abstraction by fear and not by choice. Avital's works engages with the political for his painting does not indulge in the arrogant pretense that markets Tel Aviv as the Lascaux cave. If Tel Aviv is grotesque, it is certainly not prehistoric and the material abstractionism of Lavie and his students simply supports the hypocrisy of a miraculously blossoming culture precisely in the swamped and deserted land that never was.[21]

ולא מתוך בחירה. יצירותיו של אביטל עוסקות בפוליטי כיוון שציוריו אינם מתמכרים ליומרה היהירה שמשווקת את תל אביב כמערת לאסקו.[18] בעוד שתל אביב גרוטסקית, היא כלל אינה פרה-היסטורית והאבסטרקציוניזם המטריאלי של לביא ותלמידיו פשוט מאושש את הצביעות של תרבות הפורחת כמעשה נס דווקא בשממה שלא הייתה, על ביצותיה שמעולם לא יובשו.

XIII

Criticized locally, The Want of Matter remains relevant when it comes to the contextualization of wannabe Western contemporary art practice in Israel. It is hard to imagine a theory with greater influence on the younger and older artists alike and even harder to think of a way to undo the ties they have woven with this theory. However, the need to consolidate the shallow crust of culture imported from the West against the Middle-Eastern context Sarah Breitberg Semel intentionally or not chose to ignore has established a local conformism.

Where we learn about two possible kinds of materialistic projection in art practice : one that thinks it is conscious of itself and one that simply is. Same day, night. Lucifer Bar, Israel Museum of Art.

"Mid-size brain and big ego ? Are you insane ? Why would I want to include that text in my catalogue ?"

"Good question. Feel free to discard it," —we downed a whole beer without exchanging a word. And then he said— "You know what I struggle to paint most ?"

"No, but I'm curious !"

"Nature, he says, is deep and absorbing silence."

We are back at the museum where he is installing his new body of work. I stumble upon a tile, almost crashing Yitzhak Danziger's 1966 sculpture "Model for the Shepherd King". Luckily, Avital catches my arm at the last second and shifts my trajectory towards a large-scale painting by Tamar Getter.

BOOM ! I simply go through it like a stuntman, crashing through the decor in a scene reminiscent of Buster Keaton. ☛ (22)

"But wait, Keaton performed all his stunts himself ! A sort of athleticism was part of the actor's skill and so it should be for the artist, says Getter, who repeats the same gesture endlessly in preparation for her anticipated self-declared 'masterpiece'. She trains her body into a self-imposed choreography, which

יג.

על אף הביקורת המקומית, דלות החומר עודנה רלבנטית כשהדברים נוגעים בהיקשור של פרקטיקת האמנות העכשווית המקומית, המתיימרת להיות למערבית. קשה לדמיין תיאוריה בעלת השפעה רבה יותר על אמנים צעירים ומבוגרים כאחד, ואף קשה יותר לחשוב על דרך להתיר את הקשרים שקשרה אותה תיאוריה. יחד עם זאת, הצורך לבצר את המעטפת השטחית התרבות, אשר יובאה מן המערב כנגד ההקשר המזרח התיכוני שממנו בחרה שרה ברייטברג סמל להתעלם במתכוון או שלא במתכוון, כונן קונפורמיזם מקומי.

כאן אנו למדים על שני סוגים של פרוייקציה מטראיליסטית בפרקטיקה אמנותית: אחת שחושבת שהיא מודעת לעצמה ואחת שפשוט מודעת לעצמה. אותו היום, לילה. בר לוציפר, מוזאון ישראל לאמנות.

"בינה בינונית ואגו ענק ? יצאת מדעתך ? למה שאני אכלול את הטקסט הזה בקטלוג שלי ?"

"שאלה טובה. תרגיש חופשי לוותר עליו."

גמענו בירה שלמה בלי להחליף מילה. ואז הוא אמר, "אתה יודע מה הכי קשה לי לצייר ?"

"לא, אבל אני סקרן!"

"הטבע", הוא אומר, "הוא שקט, עמוק ובולעני."

אנחנו שוב במוזיאון, שם הוא מציב את יצירות האמנות החדשות שלו. אני כושל בלכתי וכמעט מוחץ את פסלו של יצחק דנציגר, "דגם למלך הרועים" (1966). למרבה המזל, אביטל תופס בזרועי ברגע האחרון ומסיט את מסלולי לעבר ציור גדול של תמר גטר.

בום! אני פשוט עובר דרך הקנבס כפעלולן, מחריב את התפאורה בסצנה שמזכירה את בסטר קיטון. ☛ (22)

"אבל רגע אחד, קיטון ביצע את כל הפעלולים שלו בעצמו! אתלטיות שכזו הייתה חלק ממיומנות השחקן, וכך עליה להיות גם עבור האמן", אומרת גטר, שמשחזרת את אותה המחווה פעם אחר פעם מתוך הכנה ל'יצירת המופת' הצפויה שלה, או ליתר דיוק לזו שהיא הכריזה עליה ככזו בעצמה. היא מאמנת את גופה לבצע כוריאוגרפיה כפויה, שבסופו של דבר נעשית לצורה. בדומה לקיטון, היא מבצעת את הפעלולים שלה בעצמה ומשיגה בכוחות עצמה את ההליכות, תרתי משמע, שמבודדות אותה מהתרבות המזרח-תיכונית. היא

eventually becomes a form. Like Keaton, she performs her own stunts, and achieves all by herself the decorum that isolates her from the Middle-Eastern culture. She 'and few others are on the hill', implying, looking down at the masses, she once stated at the end of a lecture at Bezalel. But the hill is burning and soon it will be hell for the white-skinned, whose very seclusion has precipitated the ecological catastrophe that might come. That will.

Sustainability is a serious question in recent years, but when it comes to art, for some obscure reason, it no longer applies. True, there is a sort of recycling but of concepts and aesthetics due to the single-threaded narrative of art history : the sort of recycling Sarah Breitberg Semel made with her *Want of Matter*. But apart from that, rarely does anyone read a work of art through the sustainability of the material an artist is using and even less so, look at her practice in environmental terms. Why? Because it would entail a return of culture to nature, disrupt the fantasy of eternity artists often contemplate and undo the modernist idea that human beings are outside of nature, transcendent, like the Jewish God. Instead, a sustainable art would require from the artist not only to project himself horizontally and invalidate the fabricated narrative of history but also to conceive of his work along with the more tangible materiality we breathe, drink, eat and eventually shit : a return to nature from the bowel of the museums.

As he slowly walks in the museum looking for a way to clear his mind from the confusing last days, Tweetu tries to figure out why this detective keeps on suspecting him... and he recalls that Elchmannyahu had mentioned Ben Moshe. Is he the one incriminating me, he asks himself as he reenacts the conversation for himself, in search of a clue.

"So, what does all this have to do with the Ben Moshe?" Asked Elchmannyahu.

"First, let me tell you that Ben Moshe is a leftwing Trump fan. 'I fantasize that the left would stop being embarrassed at its own fallacy disguised by political correctness', he once let slip to me. 'Trump is my hero', he continued, 'and the fact that he would

"ועוד כמה אחרים נמצאים על הגבעה", כלומר מתבוננים מטה אל ההמונים, כך הצהירה פעם בתום הרצאה שנשאה בבצלאל. אבל הגבעה עולה באש ועד מהרה תהפוך לגיהינום בעבור בהירי העור, שעצם בידודם הכשיר את הקרקע לקטסטרופה האקולוגית שעלולה לבוא, ושעוד בוא תבוא.

קיימוּת היא שאלה רצינית בשנים האחרונות, אך כשהדברים אמורים באמנות, היא כבר נטולת תוקף. נכון אמנם שיש מעין מיחזור, אך זהו מיחזור של מושגים ואסתטיקות עקב הנרטיב החד-צירי של תולדות האמנות: מיחזור מהסוג שמיחזרה שרה ברייטברג סמל עם דלות החומר שלה. אבל מלבד זאת, כמעט אף פעם לא קוראים יצירת אמנות מבעד לעדשות קיימוּת החומר בו משתמש האמן, ועוד פחות מכך בוחנים את הפרקטיקה שלה במונחים סביב־תיים. מדוע? משום שהדבר יחייב את חזרת התרבות לטבע, ישבש את פנטזיית הנצח שאמנים מתמכרים לה לא פעם ויפורר את התפיסה המודרניסטית כאילו בני האדם נמצאים מחוץ לטבע, טרנסצנדנטיים, אומניפוטנטיים, כמו האל היהודי הישראלי. תחת זאת, אמנות בת-קיימא תחייב את האמן לא רק להשליך עצמו אופקית ולערער על תוקף הנרטיב ההיסטורי המזויף, אלא גם לתפוס את עבודתו במונחים שנושקים לחומריות המוחשית יותר שאנו נושמים, שותים, אוכלים ולבסוף מחרבנים: חזרה לטבע ממעי המוזיאונים.

[שעה שהוא משוטט לאיטו במוזיאון ומחפש דרך לנקות את הראש לאחר הימים המבלבלים האחרונים, טוויטו מנסה להבין מדוע הבלש הזה חושד בו כל הזמן... והוא נזכר שאלכמניהו הזכיר את בן משה. האם הוא זה שמפליל אותי? שואל את עצמו טוויטו תוך שהוא משחזר לעצמו את השיחה כדי למצוא רמזים.]

"אז איך כל זה קשור לבן משה הזה?" שאל אלכמניהו.

"קודם כל, תן לי לומר לך שבן משה הוא תומך טראמפ שמאלני. 'אני מפנטז שהשמאל יפסיק להיות מובך מהכזב שלו, המתחזה לתקינות פוליטית', הוא פעם פלט באזניי. 'טראמפ הוא הגיבור שלי', הוא המשיך, 'והעובדה שהוא יודח רק מראה שהוא, מבין כולם, בעיקר בגלל הטמטום שלו, אינו אלא אזרח פשוט ועל כן תבוסת הדמוקרטיה. תבוסתו פשוט מראה שהדמוקרטיה היא אשליה ושא־זרחים, גם אם הם עשירים כקורח, אינם יכולים להגיע לדרג קבלת ההחלטות הגבוה ביותר בלי שיטרפדום הנבחרים שלא נבחרו, בני המעמד הפוליטי, אלא אם הם מקבלים על עצמם להיות נושאי כֵּלֵיהֶ.'"

"באופן אישי אני מאוד מפקפק בזה. פוטין אף פעם לא ייתן לזה לקרות", קוטע אותי אלכמניהו.

"אבל האמנות של בן משה, זו של שירמן, זו של דאום, מהווה ביטוי רבעו־צמה לזרם המעמקים של התשוקה, רק שהוא אינו אפולוגטי בעניין זה. במבט ראשון, האמנות שלו מחוללת בך רפלקס הקאה ואז קול פטריארכלי, שמגיע

be impeached only shows that he, among all, mostly because of his stupidity, is a simple citizen and thus the defeat of democracy. His defeat simply shows that democracy is an illusion and that citizens, even if filthy rich, cannot access the highest level of power without being torpedoed by the non-elected elect, the political class, unless they accept to be their puppet.' "

"I personally doubt it very much. Putin would never let it happen," interjects Elchmannyahu.

"Ben Moshe's work, like Shirman's and Daum's, is the forceful expression of repressed desire and he is unapologetic about it. His work triggers your vomiting reflex at first and then a patriarchal voice coming from god knows where, says: (Tweetu takes a deep voice) "HEY HO! But what are you doing? You are in a museum! You can't do that here! Behave yourself, swallow! Now, look at me ! Aren't I the sexiest thing you have seen ?" [now with his normal voice] — Tweetu continues—"That is the mechanism Ben Moshe forces upon you, and in doing so makes you conscious of that jewelry box, the white cube. His work crushes you against the wall of that cube for he hopes you would explode and make this red stain on the wall that might fit perfectly the composition. Something reminiscent of the Hollywood horror flick The Thing. It grows into you and it becomes you. Publicly, you are ashamed of your attraction for the abject. The same attraction that keeps you watching the 50-seconds loop for hours. But once you have come to peace with your own abomination, you start enjoying it - a little bit like when you fart in public transport or when you pee in the swimming pool: you smile and pretend this is culture. This is your trump card, for all it's worth. His work is the materialized nemesis of Getter's pretense," concludes Tweetu for himself before going out of the museum, still disturbed by the visions of the Reservoir going up in flames.

מאלוהים יודע איפה, אומר: [טוויטו לוקח קול עמוק] "הלו, הלו! מה אתה עושה קיבינימט ? אתה במוזיאון! אתה לא יכול לעשות את זה כאן! תשתלט על עצמך, תבלע! עכשיו, תסתכל עליי! אני לא הדבר הכי סקסי שראית בחיים שלך ? [עכשיו בקולו הרגיל] - טוויטו ממשיך - "זה המנגנון שכופה עצמו עליך בן משה, ובעשותו זאת הוא גורם לך להיות מודע לאותה קופסת תכשיטים, לקוביה הלבנה. האמנות שלו מוחצת אותך כנגד קיר הקוביה הזה כיוון שהוא מקווה שתתנפץ ותותיר את הכתם האדום הזה על הקיר שיתאים באופן מושלם לקומפוזיציה. משהו שמזכיר את סרט האימה ההוליוודי 'היצור'. זה גדל לתוכך ונהייה אתה. כלפי חוץ, אתה מתבייש במשיכה שלך לסוטה. אותה המשיכה שגורמת לך לצפות באותו לופ של 50 שניות במשך שעות. אבל מרגע שהשלמת עם חולניותך, אתה מתחיל ליהנות מזה - קצת כמו כשאתה מפליץ בתחבורה ציבורית או כשאתה משתין בבריכה: אתה מחייך ומעמיד פנים שזוהי תרבות. זה מוסד הנשיאות שלך, זו הדמוקרטיה. האמנות שלו היא התגלמות הנמסיס של העמדת הפנים של גטר," מסכם טוויטר לעצמו, בטרם צאתו מהמוזיאון, עודנו רדוף על ידי חזיון המאגר העולה בלהבות.

XIV

The return of Tamir Lichtenberg. Next day, morning, while walking on Allenby Street.

Lichtenberg drags his bones seamlessly across the country.

"Hi Tamir. Long time no see! What have you been up to ?"

"Hills and valleys, just stopping by the city to make sure the others are still slouched on the zinc of Uganda Bar, drinking their Maccabee beer."

"I don't know how you do it ! How can you stand this crushing light and heat ?"

"You know what the Bedouin say, 'Strong like the desert, soft like the sand, moving like the wind, forever free.' I am no sedentary."

"Always on the lookout for an apartment to rent: the nomadic kind, a Bedouin or a Shepherd King, that's the way I like you. So what does it take to make a work of art when you have no real anchor or studio to create, let's say, one of these huge fiberglass objects that will take nature only about two centuries to process and reintegrates in its cycle, since no museum would ever buy your gigantic eco trip ?"

"Well, you refrain from this eco-tripping," smiles Lichtenberg.

"That's what I told the police: 'Lichtenberg recycles in a way, but it might be more accurate to say he reorganizes temporarily as if the museum for once would have left windows open on a stormy night. Humidity and the temperature would drastically raise, and the hamsin (scirocco) would bring in the desert sand it has carried from around the region. The next morning the museum would be in a complete panic and while removing every artefact, leaving the galleries full of the hustle and bustle of workers, restorers, curators, electricians, museum architects – a big mess – Lichtenberg would rejoice at this vision for it seems he has intentionally left the windows open and deactivated the alarm.' "

"Funny! And what did the detective answer ?"

יד.

שובו של הג'די. יום המחרת, בבוקר, תוך כדי הליכה ברחוב אלנבי.

ליכטנברג גורר את עצמותיו ללא שבר ופגע בכל רחבי הארץ.

"הי טמיר. למה לא רואים אותך? איפה היית ומה עשית?"

"עליות ומורדות, רק קפצתי לעיר כדי לוודא שכל האחרים עדיין סרוחים על הספה בבר אוגנדה, שותים את הבירה מכבי שלהם."

"אני לא יודע איך אתה עושה את זה! איך אתה יכול לשאת את האור הנוראי הזה, את החום המחניק?"

"אתה יודע איך אומרים הבדואים; 'חזק כמו המדבר, רך כחול, שט כמו הרוח, חופשי לנצח'. אני לא אחד שיושב במקום."

"תמיד מחפש דירה להשכיר: נווד כזה, בדואי או מלך רועים, ככה אני אוהב אותך. אז איך אפשר ליצור יצירת אמנות כשאין לך עוגן אמיתי או סטודיו לעבוד בו, נגיד את אחד מחפצי הפיברגלאס הענקיים האלה שלוקח לטבע רק כמאתיים שנה לעבד ולהחזיר למחזור שלו, כיוון שאף מוזיאון אף פעם לא יקנה את האקו טריפ הענק שלך?"

"טוב, אתה פשוט נמנע מהאקו טריפים האלה", מחייך ליכטנברג.

"זה מה שאני סיפרתי במשטרה: "ליכטנברג ממחזר מבחינה מסוימת, אבל אולי נכון יותר לומר שהוא מארגן מחדש באופן זמני, כאילו המוזיאון היה נותר פעם אחת עם חלונות פתוחים בליל סערה. הלחות והמעלות היו עולות בצורה חדה, והחמסין היה מחדיר את חול המדבר שהוא נושא על גבו כגמל מקצווי המזרח. בבוקר המחרת, המוזיאון ייתקף פניקה מוחלטת ותוך פינוי כל יצירה, ומילוי הגלריות ברחש העובדים, המשפצים, האוצרים, החשמלאים ואדריכלי המוזיאון - בלגן גדול - ליכטנברג יעלוץ לנוכח החיזיון הזה כיוון שדומה כי הוא הותיר את החלונות פתוחים במתכוון והשבית את האזעקה."

"צחוקים! ומה אמר הבלש?"

"הוא אמר שצריך ביצים ענקיות כדי לחבל במתכוון במוזיאון. עוד צעד קטן אחד, וכבר אפשר לשרוף אותו."

"איזה מסכן. תראה! הם מצלמים מהצד השני של הכביש. תאמר שלום אבל רק עם ארבע אצבעות."

[שניהם מנופפים למצלמה לשלום, והוא נעלם מהמקום. מבטו של טוויטו מרותק לליכטנברג המתרחק, בהערצה.]

"הוא לא עשה את זה!" מזנק הצידה בפחד.

"עוד פעם אתה!" מסנן טוויטו לעבר הבלש.

"He said that it takes some guts to deliberately sabotage a museum. Burning one is only a step further."

"Poor guy. Look! They're filming from the other side of the crosswalk. Say hello but only with four fingers."

Both wave hello at the camera and off he goes. Tweetu's attention is absorbed in admiration for the vanishing Lichtenberg.

"He did not do it!" jumping aside in fear.

"You again!" sneers Tweetu at the detective.

"What's his secret?" asks Tweetu not really expecting an answer.

"We've checked his schedule and it turns out that he often books twelve alternative treatments in only three days."

"He is high on non-conventional treatments. Now I see why the zombies cannot catch him."

"Zombies, Tweetu? Have you been drinking enough water? It's a hot day."

"Oh come on, Elchmannyahu, surely you can grasp that! The zombies! Those in charge of public health or national security. Those prescribing you the pill that will make you feel good again. Those selling you this same pill that will at best eradicate the symptoms at the expense of other delicate and well-functioning mechanisms in your body."

"I see!" says the detective while pulling out a box of aspirin. "You gave me a headache with your brain fuck Tweetu."

"The pill you have ingested, detective, is more of an economical and political fix than therapy. The pill you have ingested, Elchmannyahu, further enriches whatever pharma giant is responsible for it, as well as causing countless ecological disasters worldwide. The pill you have ingested makes you the enemy of your environment as it is often produced at the expense of your own health for the sake of which you will ingest more pills to eradicate the symptoms of pollution. The pill you have ingested will always and exclusively treat the symptom, for were it to treat the cause, those companies not only would be out of business but their owners and shareholders would sit in jail."

And Tweetu goes on quoting a rap song by Ami D. Headitor:

"מה הסוד שלו?" שואל טוויטו בלי באמת לצפות לתשובה.

"בדקנו את הלו"ז שלו ומסתבר שהוא נוהג לקבוע לעצמו תריסר טיפולים אלטרנטיביים בתוך שלושה ימים בלבד."

"הוא מאוד חזק בטיפולים רוחניים. עכשיו אני מבין למה הזומבים לא יכולים לתפוס אותו."

"זומבים, טוויטו? אתה מקפיד לשתות מים? חם היום."

"בחייך, אלכמניהו, אפילו אתה יכול להבין על מה אני מדבר! הזומבים! אלה שאחראים על בריאות הציבור או ביטחון הציבור. אלה שרושמים לך את הכדור שגורם לך להרגיש טוב. אלה שמוכרים לך את אותו הכדור שבמקרה הטוב יעלים את התסמינים על חשבון מנגנונים עדינים אחרים בגופך, שדווקא מתפקדים היטב."

"אני מבין!" אומר הבלש ושולף מכיסו קופסא של אספירין. "נהייה לי כאב ראש מזיוני השכל שלך, טוויטו."

"הכדור שזה עתה בלעת, בלש, מהווה פתרון כלכלי ופוליטי יותר מאשר רפואי. הכדור שזה עתה בלעת, אלכמניהו, רק מעשיר עוד יותר את עsעריכה (עאע"ע):

הכדור שבלעת, יא חזיר
יהרוג אותך בגיל צעיר
הכדור שנתקע בגרון
רק מחזק את בעלי ההון
הכדור שבלעת, יא בלש
ייתן לך קצת הקלה
אך רק במחיר
של הפצת המחלה.

"מה בדבר בועז אהרונוביץ'?" שואל הבלש.

"מה איתו?" טוויטו מגלגל עיניו למעלה תוך שהוא נאנח ואומר.

"אתה שוטר מכור. נוביץ', נוביץ', נוביץ', נוביץ', בועז אהרונוביץ'. זה כמו בסרט הזה שג'ון קוזאק נכנס לגוף של ג'ון מלקוביץ' ומשתלט עליו. אתה מכיר את הסרט?"

"'להיות ג'ון מלקוביץ'."

"כן, זהו בדיוק. יש אמן קונספטואלי בתוך אהרונוביץ', מתחזה שהשתלט על בועז. זה מונע ממנו ללכת אחר האינטואיציות שלו. עצוב לי לומר שבמובן מסוים המתחזה הזה חדר לתוכו של אחד האמנים העכשוויים הפוריים ביותר בישראל. הוא יורה לכל עבר, משוחרר בזכות קיבולת האחסון הבלתי מוגבלת

The pill you have ingested, pig
Will kill you – dig?
The pill you have ingested, bitch
Can only further feed the rich
The pill you have ingested, dick
Will set your mind at ease
But only at the cost
Of spreading the disease

"How about Boaz Aharonovitch?" asks the detective.

"What about him?"

Tweetu looks up while he sighs and says, "You are an addicted detective. Novitch, Novitch, Novitch, Novitch, Novitch, Boaz Aharonovitch. It's like in this movie in which John Cusack enters John Malkovich's body and takes control over it. You know which one?"

"Being John Malkovich."

"Yes, that's the one. There's a conceptual artist in Aharonovitch, an impostor who has taken control of Boaz. It keeps him from listening to his intuitions. It is sad to say in a way that this impostor has pervaded one of the most prolific contemporary artists in Israel. He shoots by the kilos freed by the virtually limitless storage capacity of the digital age creating a sort of virtual padding on top of its reality."

"To make himself more comfortable?" asks the detective.

"In a way, but it is more of an obsessive-compulsive disorder and the padding appeals to the padded room from the psychiatric institution."

"What do you mean?"

"Imagine a camera stuck on burst mode. As long as it is being moved, distinctive images are describing a continuous reality that for example could be reorganized in panoramas. But the slower the movement becomes, the more images are stacked on top of each other, slowly obstructing and later replacing the reality they stem from. It would be far fetched to say that Aharonovitch creates a sort of topology of meaningless

כמעט של העידן הדיגיטלי ויוצר מעין שכבת ריפוד וירטואלית מעל המציאות שלו."

"כדי לגרום לעצמו להרגיש יותר בנוח ? שואל הבלש."

"במובן מסוים, אבל זה קשור יותר להפרעה כפייתית, והריפוד מזכיר את החדר המרופד מהמוסד הפסיכיאטרי."

"למה אתה מתכוון ?"

"תאר לעצמך מצלמה שתקועה על מוד צילום מהיר. כל עוד מזיזים אותה, הצילומים שבאים זה אחר זה מתארים מציאות רציפה שאפשר לארגנה מחדש, למשל כפנורמות. אבל ככל שהתנועה נהיית איטית יותר, כך הצילומים מגובבים יותר ויותר זה על גבי זה, חוסמים בהדרגה ולאחר מכן מחליפים את המציאות שאותה הם אמורים לייצג. יהיה מוגזם לומר שאהרונוביץ' יוצר מעין טופולו־גיה של רגעים חסרי משמעות המחוברים זה לזה וירטואלית, אבל הוא בהחלט עובד על זה. החדר אינו לגמרי בטוח עדיין ומעת לעת נוביץ', נוביץ', נוביץ', נוביץ'... נוביץ' הולם בראשו, לא פעם בזמן הלא נכון וכמו בסרט, כופה על בועז להיות לבובה. במובן זה, הוא מפגין את הסימפטומים שכל אמן ישראלי מתא־פיין בהם, אבל הם, כמו בועז, אינם בוגדים במפעילי הבובות שלהם, כיוון שהם, בניגוד לבועז, מיומנים מאוד במחיקת ההקשר שלהם ובמילוי התפקיד שלהם, משוכנעים שאם יתנהגו יפה, הפיה הכחולה תהפוך אותם לאמנים 'מערביים'."

"יכול להיות שנוביץ' דחק את בועז לאקט קונספטואלי פירומני ?" שואל הבלש בניסיון אחרון לפתור את החידה.

"אין לו נשמה רדיקלית, אני אומר לך, הוא לא מאמין."

"אבל מי היה רוצה לשחרר את האמנות הישראלית מהדיבוק שלה ?"

"אתה מתכוון לומר שמי ששרף את המאגר עשה זאת כדי לגרש שדים ?"

"תגיד בעצמך - זה לא יהיה טקס מופלא ? כל האש, המים וההמולה והקולות והמראות... למען האמת, לאמנים מסוימים יש סימפתיה לטקסים קונספטואליים מסוג זה."

moments virtually interconnected, but he is working at it. The room is not yet entirely safe and from time to time Novitch, Novitch, Novitch, Novitch... Novitch bangs his head, often at the wrong time and like in the movie, imposes a puppet act on Boaz. In that sense, he is showing the symptoms that every Israeli artist should show but they, unlike Boaz, don't betray their puppeteers for they, unlike Boaz, are well trained at erasing their context and playing the part, convinced that if they behave, the blue fairy will turn them into 'Western' artists."

"Could it be that Novitch has pulled Boaz into a pyromaniac conceptual act? Asks the detective in the last effort to solve his case."

"He does not have a radical soul I am telling you, he is not a believer."

"But who would have wanted to exorcise Israeli art from its poltergeist, its dybbuk?"

"Are you implying that the person who burnt the reservoir did it as a way to exorcise a sort of spirit?"

"Well! Wouldn't that be a great ceremonial? All the fire, the water and the fuss and the light and the sound ... In fact, some artists have a propensity for ceremonial of this kind."

XV

Where we learn about camouflage techniques inspired by the excess of sebum. The two are walking down Allenby Street, crossing Rothschild Boulevard.

"What happened to that street?" asked Tweetu. "As a police officer, I'm sure you've been patrolling this street extensively."

"Well after the social protest in 2011, Rothschild Blvd. went back to normal as the rich returned from their summer vacation and the protesters had to go back to work. They simply could not afford to stay in the streets for fear of losing their job and home. The party was over rather easily for the government, as it knew that all it had to do was to wait and let the proverbial invisible hidden hand – or what Ami D. Headitor prefers calling the all-too-visible paw – work its charm."

"I meant to ask about Allenby."

"Well! The strip clubs are reminiscent of the 80s and I guess the rest of Allenby as well."

"You are right! The decrepitude of Allenby is almost touching, as it still points at the 80s, the teenhood of the country and its first estranged look, mirroring a search for identity. The 80s or the identity crisis of a talented child surprised by the strength of his own body wet-dreaming of the West in spite of the excess of sebum aggravating his skin. Perhaps the hormones are to be blamed for the illusion the country started to contemplate itself as part of the West. Winning the Eurovision twice in a row probably added to the confusion for if the music competition were to issue passports, the teen would doubtlessly obtain his own. And if the showbiz did not entitle him to do so, the wins at the European basketball championship in 1977 and 1981 certainly reassured the teen in the midst of an identity crisis."

"The batwing sweater is an all-time winner in Israel", says Toony in an interview for the design magazine, *Now is the Future Past.*

יה.

כאן אנו למדים על טכניקות הסוואה ששואבות את השראתן מעודף חֵלֶב. השניים הולכים במורד רחוב אלנבי, וחוצים את שדרות רוטשילד.

"מה קרה לרחוב הזה ?" שאל טוויטו. "בתור שוטר, אני בטוח שהיית מפטרל כאן באופן שיטתי."

"טוב, אחרי המחאה החברתית ב-2011, שדרות רוטשילד חזרו לשגרה, כשה־עשירים שבו מחופשת הקיץ שלהם והמפגינים נאלצו לחזור לעבודה. הם פשוט לא היו יכולים להרשות לעצמם להישאר ברחובות שמא יאבדו את העבודה ואת הבית שלהם. המסיבה נגמרה די בקלות מבחינת הממשלה, שידעה שכל שעליה לעשות הוא להמתין עד שהיד הנעלמה - או מה שעאע"ע מעדיף לכנות הכאפה שמעולם לא נעלמה - תחולל את קסמה."

"התכוונתי לשאול דווקא על אלנבי."

"ובכן! מועדוני החשפניות מזכירים את שנות השמונים, ואני מתאר לעצמי שזה נכון גם לגבי שאר הרחוב."

"אתה צודק! העליבות של אלנבי מכמירת לב כמעט, כיוון שהוא עדיין מתרפק על שנות השמונים, על שנות העשרה של המדינה ומבטה המנוכר הראשון, המשקף חיפוש אחר זהות. שנות השמונים או משבר הזהות של ילד מוכשר שמופתע מכוח גופו שלו וחולם על המערב חלום רטוב על אף עודף החלב שמחצ'קן את פניו. אולי ההורמונים הם האשמים באשליה שהמדינה התחילה לפנטז על עצמה כעל חלק מהמערב. הזכייה פעמיים באירוויזיון ודאי הוסיפה לבלבול, כיוון שאילו הייתה תחרות מוסיקה שמנפיקה דרכונים, המתבגר ודאי היה משיג אחד משלו. ואם עסקי השעשועים לא היו מזכים אותו במסמך הנחשק, הרי שהזכיות באליפות אירופה בכדורסל ב-1977 וב-1981 ודאי מילאו את המתבגר כוח גברא בעיצומו של משבר הזהות."

"סוודר העטלף הוא המנצח של כל הזמנים בישראל", אומרת טוני נבוק בראיון למגזין האופנה Now is the Future Past.

שנות השמונים הישראליות היו ממלכת הטעם הרע וגוזמאות פרועה, בעוד שהפסקול של "תהילה" הלם ברקע.

נבוק לא שכחה את אותן שנים ומבחינות רבות, היא נושאת הדגל של אותו סגנון, על אף שהיא מעדנת אותו. בדומה לשרה ברייטברג סמל, היא מצביעה על תנועה איטלקית, אם כי מהכיוון של עיצוב האופנה. תנועת העיצוב "ממפיס", אותה הובילה אטורה סוטואס, השפיעה רבות על הפרקטיקה שלה: הנפחים הבלתי צפויים, הצבעים והמוזרות של ממפיס. זה עובד כמו

The 80s in Israel was the reign of bad taste and extravaganza while the music of Fame was blasting in the background.

Toony did not forget those years and in many ways, she is the standard-bearer of that style, although she refines it. Like Sarah Breitberg Semel, she points at an Italian movement but from the design scene. The design movement Memphis led by Ettore Sottsass is of great influence on her practice : the unexpected volumes, colors and quirkiness of Memphis. It works like a trompe l'oeil while she successfully impresses the quirky aesthetic of Sottsass upon 'the furniture from grandma's living room' she picked from a second-hand website.

So much for the Want of Matter – the 80s saw the country piling plenty of colorful and synthetic objects and clothing, which, along with the fiberglass eco trip will exude toxic combustible gas from within the pile of dirt at Israel's Garbage Mountain overlooking the airport for the next ten generations or so.

Hila Toony Navok resells this junk to its owners camouflaged as an artefact that you as a collector will have to preserve for eternity, inhaling the toxic gas in the comfort of your living room. "To me it sounds and looks like the aesthetic of the VHS tapes only privileged kids had access to while they lived in the 'wonderful' America of Spielberg – they pedaled the communist era to its abyss and set forth to the moon on their BMX bikes," says the detective.

"Much like the work of Shahar Freddy Kislev," adds Tweetu, "his works allow for a similar projection of the imaginary into the materiality that he curbs by using techniques taken from movie special effects. And the museum, its controlled climate and highly standardized setup, called the white cube, seem to sustain the life of a larva, itself swallowing a white ball. This transformation of a platonic solid echoes some parts of Navok's practice although Kislev's manages to avoid a certain nostalgia that he diverts into his passion for karaoke."

"Can I give you a lift ?"

"Why don't you simply arrest me ? You're a cop after all."

"The case was dropped due to lack of public or legal interest.

אשליה אופטית כשהיא מצליחה להטביע את האסתטיקה החריגה של סוטואס ב"רהיטים מהסלון של סבתא" שליקטה מאתר יד שנייה.

דלות החומר אללה ירחמה - בשנות השמונים אגרה המדינה שלל מלבושים וחפצים ססגוניים וסינתטיים, אשר, לצד האקו טריף הפיברגלאסי ימשיכו לפלוט גזים רעילים ובעירים מתוך ערימת האשפה שבהר הזבל הישראלי הצופה אל שדה התעופה למשך עשרת הדורות הבאים, פחות או יותר.

הילה טוני נבוק שבה ומוכרת את הג'אנק הזה לבעליו כשהוא מוסווה כיצירת אמנות שהאספן ירצה לשמור לנצח, לנצח לנשום את הגז הרעיל על הספה האדומה שבסלון.

"לי זה נשמע ונראה כאילו שהאסתטיקה של קלטות וידיאו שרק הילדים העשירים היו יכולים להרשות לעצמם שעה שחיו באמריקה ה"נפלאה" של שפי־לברג - הם דיוושו את העידן הקומוניסטי אל תהומות הנשייה והמריאו לירח על אופני ה-BMX שלהם", סח הבלש.

"ממש כמו האמנות של שחר פרדי כסלו", מוסיף טוויטו, "היצירות שלו מאפשרות השלכה דומה של הדמיוני אל החומריות שהוא עוקף על ידי שימוש בטכניקות השאולות מאפקטים קולנועיים מיוחדים. והמוזיאון, אקלימו הממוזג ומבנהו הסטנדרטי עד לזרא, המכונה הקובייה הלבנה, דומה שמקיים חיים של זחל חרק, שבעצמו בולע כדור לבן. הטרנספורמציה הזו של גוף אפלטוני מהדהדת חלק מהפרטיקה של נבוק, למרות שזו של כסלו מצליחה להימנע מנוס־טלגיה מסוימת שהוא מסיט אל התשוקה שלו לקריוקי."

"אתה רוצה טרמפ?"

"למה אתה לא פשוט עוצר אותי? אתה שוטר אחרי הכל."

"התיק נסגר בהעדר עניין לציבור ולמערכת המשפטית. כנראה שאני לא שליח ציבור, וגם לא שליח משפטי... אז עכשיו זה בידי הביטוח שלך."

"טוב, לפחות אני לא אצטרך להתעסק יותר עם נושאי הכלים שלך."

"אז לאן פנייך מועדות, מר טוויטו?"

"אחרי כל מה שעברנו ביחד, אתה יכול לקרוא לי יונתן... למוזיאון לשם שינוי. העורקים שלי עורגים לקצת תרבות."

I guess I am not representative of the public, or of the law... So now it is in the hands of your insurance."

"Well, at least I won't have to deal with your henchmen anymore."

"So where to, Mr. Tweetu?"

"After all we've been through, you can call me Jonathan... To the museum for a change. My veins pine for some culture."

XVI

Conceptual recycling in the police car. A moment later.

"Since I'm no longer a suspect, may I ask we turn off the police radio and listen to some music?"

"Of course."

(radio plays Leonard Cohen, "The Captain")

Complain, complain, that's all you've done ever since we lost,
If it's not the crucifixion then it's the Holocaust.

"Is this Freedy Shahar Kislev singing?" asks Tweetu rather surprise at the sound of the song cover.

"How would I know?" answers Elchmanyahu and continues, "I still don't understand why you are so pissed off at everyone and at Sarah Breitberg Semel in particular."

"Let me try again, since you are so knowledgeable. One of the hypocritical farces at the heart of Israeli culture lies in Breitberg Semel's recycling of Arte Povera in a local trademark. Unfortunately, that hypocrisy, which consists of whitewashing plagiarism into a certain academism engrossed with a sort of universalist discourse, has become a trademark of Israeli art."

"What do you mean? She pays tribute to its Italian, American and German counterparts." replies proudly Elchmanyahu.

"My take on it is that if Semel opposes what she calls the 'opulence of the Italian Arte Povera' and that of the Americans with the meagre materiality in the local artists' works echoing the voice of the 'rest of the world' exploited by the Western culture, she does so from the pile of scraggly bodies whose images vouch for human cruelty in which she embeds the want of matter, a quintessential Israeli (Ashkenazi, she forgot) quality."

(From the radio, "The Captain" is still playing)

יו.

מחזור קונספטואלי בניידת. בחלוף רגע.

"מכיוון שאני כבר לא חשוד, אולי אפשר שנכבה את מכשיר הקשר ונשמע קצת מוסיקה?"

"בטח."

[הרדיו מנגן את לאונרד כהן, "הקפטן"]

Complain, complain, that's all you've done ever since we lost
If it's not the crucifixion then it's the Holocaust

"האם זה פרדי כסלו שחר שר?" שואל טוויטו, מופתע למדי לצלילו של הקאבר.

"מאיפה לי לדעת?" עונה אלכמניהו וממשיך. "אני עדיין לא מבין למה כל כך התעצבנת על כולם, ובמיוחד על שרה ברייטברג סמל."

"תן לי לנסות להסביר את זה שוב, בגלל שאתה כל כך יודע וכל זה. אחת מהפארסות הצבועות שבלב התרבות הישראלית קשורה לאופן שבו סמל מיחזרה את ה-Arte Povera בתור סימן מסחרי מקומי. לרוע המזל, הצביעות הזו, הכרוכה בטיוח הגניבה האמנותית כמעין אקדמיזם השקוע בשיח אוניברסיטי מסוים, הפכה לסמל ומופת של האמנות הישראלית."

"למה אתה מתכוון? היא מכירה במקבילותיו האיטלקיות, האמריקאיות והגרמניות." עונה בגאווה אלכמניהו.

"איך שאני רואה את זה, אם סמל מעמידה - כמשקל נגד למה שהיא מכנה 'השפע של הארטה פוברה האיטלקית" כמו גם לשפע של האמריקאים - את החומריות הדלה ביצירות האמנים המקומיים המהדהדות את קולו של 'שאר העולם" המנוצל על ידי תרבות המערב, היא עושה זאת מעל גבי ערימת הגופות השדופות שדימוייהן מעידים על אכזריות האדם, אותה אכזריות שבה היא מעגנת את דלות החומר, סגולה שהיא ישראלית (אשכנזית, בעצם, היא שכחה לומר) מעצם מהותה."

[ברדיו, כהן עדיין מנגן]

"... אני מעדיף להלל את כושר ההתמדה. אותה התמדה ששמעתי את סביי והוריי מדברים עליה כשהם תיארו את הדרך שעשו מאלג'יריה ומרוקו לישראל תחילה ולצרפת אחר כך. התמדה היא דוגמא מצוינת לפולחן של פשטות וכוח עמידה. ואם נכון לומר שהיהודים נרדפו, הרי שגם שרדו. מדוע משרתת האדרת

"… I prefer to celebrate endurance. The same endurance I have heard my grand-parents and parents talking about while they recounted their way from Algeria and Morocco to Israel first and later to France. Endurance is a beautiful example of a ritual of simplicity and perseverance. And if it is true that the Jews have been persecuted, they also have endured. Why does the celebration of that endurance serve the legitimacy of rightwing nationalists? Why do the left and culture fail to celebrate the human will to live and overcome the worst and instead cast it in terms of the suffering genius?"

"I don't follow."

"That burden must be heavy on the shoulders of Semel when she tries to justify her unapologetic mimicry of Arte Povera: 'beyond the scribbling and meagre materials, Lavie's work presents us with a new figure, that of the *dispossessed Sabra*, who identifies Judaism with the 'doomed diaspora'; who scorns the Zionist myth and its pathos, as he does all myths, symbols rhetoric; who ridicules the European bourgeois decadence and *its worldly possession*, and clings to a mode of behavior which consists of 'torn and threadbare rags' with which to express his authenticity.' Only this authenticity obeys the Christian logic of canonization whereby Lavie would be the Mother Theresa of Israeli art. But that, really, is a pattern in her reflection: in a lecture she held at the Tel Aviv Museum, as a sort of eulogy, on the initiative of the freshly appointed curator in chief Doron Rabina, she even described Moshe Gershuni as the Redeemer: the reborn Jew, if you will, entering eternity by the agency of the Museum."

(Leonard Cohen from the radio)

Now the Captain he was dying
But the Captain wasn't hurt
The silver bars were in my hand
I pinned them to my shirt.

ההתמדה הזו את הלגיטימיות של לאומני הימין ? מדוע לא מצליחים השמאל והתרבות לשיר הלל לרצון האנושי לחיות ולהתגבר על הגרוע מכל, ותחת זאת מציירים אותו בצבעים של הגאון המיוסר ?"

"אני לא איתך."

"ודאי כבד הנטל על כתפיה של סמל כשהיא מנסה להצדיק את החיקוי הבוטה שלה לארטה פוברה: 'עברית מקור'. רק האותנטיות הזו מצייתת ללוגיקה הנוצרית של קנוניזציה, שלפיה על לביא להיות לאמא תרזה של האמנות הישראלית. אבל זהו למעשה דפוס בהגיגיה: בהרצאה שנתנה במוזיאון תל אביב, כמעין הספד, ביוזמת האוצר הראשי שזה עתה התמנה, דורון רבינא, היא אפילו תיארה את משה גרשוני כמושיע: היהודי שנולד מחדש, אם תרצה, הזוכה בחיי נצח בזכות המוזיאון."

[כהן ברדיו]

Now the Captain he was dying
But the Captain wasn't hurt
The silver bars were in my hand
I pinned them to my shirt

"אני עדיין לא מבין."

"זה בסדר, מר בלש, זה בסדר. לא הכל חייב להיות ברור עד הסוף."

[כהן ברדיו]

I risked my life, but not to hear
Some Country-Western song .

"I still don't understand."
"It's OK detective, it's OK. Not everything has to be clarified."

(Leonard Cohen from the Radio)

I risked my life, but not to hear
Some Country-Western song.

XVII

Is it all a dream or a reality? The car stops. The detective tries to reignite but the engine is dead.

"What the fuck!"

They both try to open the doors and windows but they are locked in, and the clock of depleting oxygen starts ticking.

Tweetu to himself "Not again!" he looks anxiously at his feet, recalling his jail-time trip.

(a voice from the radio, which for some reason is still on)

May you rise from the Earth
And bring upon the humans the oblivion of their past
May you come down from the sky
And save the humans from their knowledge
May you storm the cities
And smash their debris into sand
May you burn the temples
And scatter the ashes on goblets for the lips of the unspoken
May you wash culture away
And let rise the inferno of stupidity for it shall unleash the swell of simplicity

As a ritual, a kind of digital call to prayer, this mantra is being recorded every morning and sent to a database. It is available to whoever wants to listen, says the voice on the radio.

"What is this voice, detective? One of your weird podcasts?"

"I don't listen to podcasts," he answers.

This ritual is ongoing for more than three hundred years now, and if it only started with a handful of people in the Dead Sea desert, it is now well spread. It is a rare glimpse into the lives of those who have indeed recorded themselves, but not only. Our shamans have been travelling along with the voices. Those voices are the planes of our contemporary society. The traffic is

יז.

האם הכל חלום או מציאות? הניידת נעצרת. הבלש מנסה להתניע מחדש אבל המנוע מת.

"לעזאזל!"

[שניהם מנסים לפתוח את הדלתות והחלונות אך הם נעולים בתוך הניידת, ושעון החמצן ההולך ואוזל מתחיל לתקתק]

[טוויטו לעצמו.]

"לא, רק לא זה עוד פעם!" הוא מתבונן בכפות רגליו בחרדה תוך שהוא נזכר בטריפ שלו מהכלא.

[קול בוקע מהרדיו, שמשום מה ממשיך לפעול]

עלה תעלו מן הארץ
ותנחילו לבני האדם את שכחת עברם
ירוד תרדו מן השמיים
ותושיעו את בני האדם מידיעתם
כבוש תכבשו את הערים
והריסותיהן תפוררו לחול
עלה תעלו את מקדשיהם באש
ואת אפרם תפזרו על גביעים שינשקו לשפתי הנשתק
את התרבות טהר תטהרו
עד כי יציף גיהינום הטיפשות ויטביע בגל הפשטות

כעניין שבפולחן, מעין קריאת מואזין דיגיטלית, מוקלטת המנטרה הזו בכל בוקר ונשלחת למאגר נתונים. היא זמינה לכל מי שמעוניין לשמוע, אומר הקול ברדיו.

"מה זה הקול הזה, מר בלש? אחד מהפודקסטים המשונים שלך?"

"אני לא מאזין לפודקסטים", הוא עונה.

הפולחן הזה נמשך כבר יותר משלוש מאות שנה, ובעוד שהחלו בו רק קומץ אנשים במדבר יהודה, כיום הוא כבר התפשט הרחק משם. זוהי הצצה נדירה אל חייהם של אלה שאכן הקליטו את עצמם, אבל לא רק. השמאנים שלנו מתהלכים בארץ ביחד עם הקולות הללו. הקולות הללו הם מישורי החברה העכשווית שלנו. התנועה עצומה אך שקטה. התנועה דחוסה אך מהנה. התנועה בלתי נראית אך מוחשית.

immense but silent. The traffic is dense but joyful. The traffic is invisible but tangible.

In 2020, you call us ghosts but it is only because our visits are seldom. In fact, before the great breakthrough only some artists were using this mantra and so the routes to your time continuum are rare. But when you die, the sound of the mantra will guide you.

May you rise from the earth
And bring upon the humans the oblivion of their past
May you come down from the sky
And save the humans from their knowledge
May you storm the cities
And smash their debris into sand
May you burn the temples
And scatter the ashes on goblets for the lips of the unspoken
May you wash culture away
And let rise the inferno of stupidity for it shall unleash the swell of simplicity

(radio continues)

One of the first to use the mantra was an artist answering to the name of Gilad Ratman. Although his complete lack of modesty made him an unbearable prick, so much that it seemed that the sun truly shines out of his behind. Obsessed he was with the holy hole. The darkness of the last chakra was absorbing him and drugged whoever was willing the bear the smell of his insolence. He dug caves and tunnels from the Middle East to southern Europe and would have brought a victory over the Romans were they still ruling the world. Idiotism was at his hand the most jubilant quality and when modernism got a hold of him, the stupidity rose and culture prevailed. Far from being a national hero, his best works are appreciated outside his original country, for he is an academic working at his own myth, a bear riding horses

ב-2020, אתם קוראים לנו רוחות רפאים, אבל זה רק בגלל שביקורינו נדירים. למעשה, לפני קפיצת הדרך הגדולה, רק קומץ אמנים השתמש במנטרה הזו כך שהמסלולים של רצף הזמן שלכם נדירים. אך כשתמותו, קולה של מנטרה זו ינחה אתכם.

עלה תעלו מן הארץ
ותנחילו לבני האדם את שכחת עברם
ירוד תרדו מן השמיים
ותושיעו את בני האדם מידיעתם
כבוש תכבשו את הערים
והריסותיהם תפוררו לחול
עלה תעלו את מקדשיהם באש
ואת אפרם תפזרו על גביעים שינשקו לשפתי הנשתק
טהר את התרבות תטהרו
עד כי יציף גיהינום הטפשות ויטביע בגל הפשטות

[הרדיו ממשיך]

אחד הראשונים להשתמש במנטרה היה עכברוש שמידתו כמידת אנוש. למרות שהעדר מוחלט של צניעות הפך אותו לפוץ בלתי נסבל, עד כדי כך שנדמה היה שהשמש באמת זורחת לו מהאחוריים. הייתה לו אובססיה סביב החור הקדוש. חשכת הצ׳קרה האחרונה בלעה אותו וסיממה את כל מי שהיה מוכן לשאת את צחנת חוצפתו. הוא חפר מערות ומנהרות מהמזרח התיכון אל דרום אירופה והיה מביא לניצחון על הרומאים לו היו שולטים עדיין בעולם. האידיוטיזם היה לדידו הסגולה הנערצת ביותר, וכשהמודרניזם השתלט עליו, הטיפשות התגברה והתרבות גברה על הכל. לא רק שאינו גיבור לאומי, מיטב יצירותיו זוכות להערכה מחוץ לארץ מוצאו, כיוון שהוא אקדמאי המקדם את המיתוס שלו עצמו, דוב שרוכב על סוסים בעירום. כדימוי רב עוצמה של אגדה, אשר עומד להיקבר בצואתו, הוא תמיד נוגע ללב בגלל התקווה שבכל זאת יצליח להתגבר. הוא יתגבר? הוא התגבר?

"הכרת אותו?" שואל אלכמניהו.
"לא, אבל התיאור בהחלט מדויק."
"איזה תיאור?"

naked. A powerful image of a legend about to be buried in his own shit is always touching because one hopes he would prevail. Will he ? Did he ?

"Do you know him ?" asks Elchmannyahu

"No, but he matches the description."

"What description ?"

"Ask the gods of arts ! They will tell you that if you play by the rules like Pinocchio you will die famous with blond hair and a slender body. Will you achieve posterity ? Maybe not, but then you can chant and repent, although when they said (they said) repent (repent), repent (repent), I wonder what they meant" :

May you rise from the Earth
And bring upon the humans the oblivion of their past
May you come down from the sky
And save the humans from their knowledge
May you storm the cities
And smash their debris into sand
May you burn the temples
And scatter the ashes on goblets for the lips of the unspoken
May you wash culture away
And let rise the inferno of stupidity for it shall unleash the swell of simplicity

(The detective and Tweetu are now about to faint as the radio, oblivious to the shortage of oxygen still plays)

Dancers and singers are the most impressive time travelers. They know how to surf the waves of sound and use the mantra to reach the heights. It is often that you will see a guy like Ohad Fishoff passing at incredible altitude. Although he, too, seems to process his lowest instincts, he is not absorbed by the quality this produces and manages to bring the subtlety of an irreverent ceremony shaking the academic temple for he navigates out of its disciplines. Entangled in jealousy, he stages his partner and a wolfman spinning to the rhythm of a heartbeat

"שאל את אלוהי האמנים! הם יספרו לך שאם תשחק לפי הכללים כמו פינוקיו תמות מפורסם עם שיער בלונדיני וגזרה מצודדת. האם תשיג תהילת עולם ? אולי לא, אבל במקרה זה תוכל לכפר ולקונן כדלקמן:"

עלה תעלו מן הארץ
ותנחילו לבני האדם את שכחת עברם
ירוד תרדו מן השמיים
ותושיעו את בני האדם מידיעתם
כבוש תכבשו את הערים
והריסותיהם תפוררו לחול
עלה תעלו את מקדשיהם באש
ואת אפרם תפזרו על גביעים שינשקו לשפתי הנשתק
טהר את התרבות תטהרו
עד כי יציף גיהינום הטפשות ויטביע בגל הפשטות

[הבלש וטוויטו עומדים להתעלף, אבל הרדיו, שאינו זקוק לחמצן, ממשיך לנגן.]

רקדנים וזמרים הם הנוסעים המרשימים ביותר בזמן. הם יודעים כיצד לגלוש על גלי הקול ולהשתמש במנטרה כדי להעפיל לגבהים. לא פעם תראה בחור כמו אוהד פישוף מגיע לרום מדהים. למרות שגם הוא מעבד כפי הנראה את הירודים שביצריו, הוא אינו נותן לעצמו להיבלע על ידי הסגולה שהדבר מחולל ומצליח להביא את התחכום של טקס בלתי רלוונטי המערער את יסודות המקדש האקדמי כיוון שהוא מנווט מחוץ לדיסציפלינות שלו.

שקוע בקנאה, הוא מביים את בת זוגו ואדם-זאב כשהם מסתחררים לקצב פעימות הלב, שאותן מאיצה התשוקה המייחלת למפגש ראשון. הוא מחזיק במצלמה ולא ישחרר אותם מהמבט הבוחן של המכונה כיוון שהם אסירים של הלופ שמאוחר יותר ערך אותם לתוכו. ישבנה מיטלטל לקצב הצעד הקטן שהיא עושה תוך שהיא מסחררת והוא מזיע, אולי מתוך פחד או קנאה. פישוף בקיא ברזי הוודוו.

[אלכמניהו וטוויטו מזיעים כיוון שהטמפרטורה בתוך הניידת עולה בהתמדה, ונדמה שהם חווים מעין טרנס.] ☛ (23) (24) (25)

עלה תעלו מן הארץ
ותנחילו לבני האדם את שכחת עברם
ירוד תרדו מן השמיים
ותושיעו את בני האדם מידיעתם

accelerated by the devouring desire of a first encounter. He holds the camera and won't free them from the scrutinizing eye of the machine for they are prisoners of the loop he later edited them into. Her ass swings at the rhythm of the little step she takes while spinning and he sweats, perhaps out of fear or envy. Fishoff knows the ceremonial secrets of the Voodoo. ☛ (23) (24) (25)

(both Elchmannyahu and Tweetu are sweating as the temperature in the car rises by the minute and they look like they are in a sort of trance)

May you rise from the Earth
And bring upon the humans the oblivion of their past
May you come down from the sky
And save the humans from their knowledge
May you storm the cities
And smash their debris into sand
May you burn the temples
And scatter the ashes on goblets for the lips of the unspoken
May you wash culture away
And let rise the inferno of stupidity for it shall unleash the swell of simplicity

Yaron Attar also knows the dominating power of rituals, he knows that a camera will draw the event. He knows how to stand still, so still that the most trivial movements start to unveil their intricacy. He breathes slow and deep and does not recede in the fear of its own desire for when it shows he enjoys it and shares. It is often unsettling to see how the manifestation of desire is more naked than the bare body. Attar rejoices at humanity at its lowest but does not go down the obvious path of formalism he was taught in the academy. He truly embraces the informal qualities that the material life can offer and uses them as needles to exorcise fear and estrangement. Where others isolate themselves he gets closer, ever closer so that the smell of hypocrisy becomes unbearable and that is why he glides so

כבוש תכבשו את הערים
והריסותיהם תפוררו לחול
עלה תעלו את מקדשיהם באש
ואת אפרם תפזרו על גביעים שינשקו לשפתי הנשתק
טהר את התרבות תטהרו
עד כי יציף גיהינום הטפשות ויטביע בגל הפשטות

גם ירון עטר מכיר את עוצמתם המשתלטת של הפולחנים, הוא יודע שהמצלמה תצייר את האירוע. הוא יודע כיצד לעמוד ללא ניע, עד כדי כך אפילו הטריוויאליים שברגעים מתחילים לגלות את מורכבותם. הוא נושם לאט ועמוק ואינו נסוג מפחד התשוקה שלה עצמה כשהיא מראה שהוא נהנה מזה ומשתפת. לא פעם מטריד לראות כיצד ביטוי התשוקה עירום יותר מהגוף המעורטל. עטר חוגג את האנושיות במלוא עליבותה אך אינו הולך במורד המסלול המתבקש של הפורמליזם אותו לימדוהו באקדמיה. הוא באמת מחבק את הסגולות הבלתי פורמליות שיש לחיי החומר להציע ומשתמש בהן כמחטים כדי לגרש את שדי הפחד והניכור. היכן שאחרים מבודדים את עצמם, הוא מתקרב, קרוב יותר ויותר, כך שצחנת הצביעות נהיית בלתי נסבלת וזו הסיבה לכך שהוא רוכב באלגנטיות שכזו על המנטרה של האמנות גם בימינו אנו.

עלה תעלו מן הארץ
ותנחילו לבני האדם את שכחת עברם
ירוד תרדו מן השמיים
ותושיעו את בני האדם מידיעתם
כבוש תכבשו את הערים
והריסותיהם תפוררו לחול
עלה תעלו את מקדשיהם באש
ואת אפרם תפזרו על גביעים שינשקו לשפתי הנשתק
טהר את התרבות תטהרו
עד כי יציף גיהינום הטפשות ויטביע בגל הפשטות

"הערוצים נפתחו - לימדו לרכוב ולמות בשלום שכן תשוקתכם טרם הוכחדה", אומרת אסתר שניידר שעולה מן האוב לעיני אלכמניהו וטוויטו כאחד. ככוהנת גדולה, היא שואבת מהמיתולוגיה היהודית, מנסחת תפילה עכשווית אפשרית שמניבה יצירות משוכללות להפליא אשר נותנות לבלתי נראה צורה. האריגים שטווה שניידר הם שטיחים שעומדים להתממש, שתי שממתין לערב, תקוע בין שני עולמות: הדתי והרוחני, האלילי והמוחשי, מערב ומזרח, זכר ונקבה, כך שהם חושפים מקומיות אפשרית בהתהוותה.

elegantly upon the mantra of art still today.

May you rise from the Earth
And bring upon the humans the oblivion of their past
May you come down from the sky
And save the humans from their knowledge
May you storm the cities
And smash their debris into sand
May you burn the temples
And scatter the ashes on goblets for the lips of the unspoken
May you wash culture away
And let rise the inferno of stupidity for it shall unleash the swell of simplicity

"The channels have been opened – learn to ride and die peacefully for your desire is not extinct", says Esther Schneider who appears as a vision to both Elchmannyahu and Tweetu. As a High Priestess, she draws on Jewish mythology, drafting a possible contemporary liturgy resulting in masterfully crafted works that give shape to the invisible. Schneider's yarns are carpets about to materialize, warp awaiting the weft, stuck in between two worlds: the religious and the spiritual, the idolatrous and the tangible, West and East, the male and the female, and so they unveil a possible locality in the making.

XVIII

Now seriously! Did you think I was bullshitting all along?
2142, somewhere in the Negev desert a shepherd finds an incomplete book titled: Follow the Wind.

Neutrality and the question of origin in art

Once she has passed the security check at the entrance to the museum, the visitor enters a contemplative mode. All her senses are subordinated to the vision and she slowly becomes a socially passive entity: 'the viewer'. Space is emptied out, standardized, to turn into a sort of vacuum in the midst of diversities, and is said to be 'neutral' so as not to interfere with the viewer's experience of the work of art or artefact. Perhaps more troubling are the artists who create for this pre-established neutrality. These artists comply with the standardized neutrality of museums and withdraw into formal aesthetics in the name of a certain misguided radicalism.

In search of another 'neutrality'

Neutrality in particle physics has been recently redefined by one of the most promising discoveries of the 20th century: the neutrino. Although it has a mass, the smallest mass observed so far, the neutrino is invisible and no concrete space can contain it. In fact, it passes through solid matter in a straight line as it does through gas and liquid without slowing down, at the speed of light. But don't mistake its neutrality for lack of information. The neutrino knows what we don't: its origin. Because these tiny particles are not influenced by the electromagnetic fields that surround us and due to their extremely small size, they virtually don't interact with matter – they have a unique trajectory and thus carry the information about their source like an arrow points at its archer.

יח.

עכשיו ברצינות! נראה לכם שכל הזמן הזה אני מחרטט ? 2142, היכן-שהוא בנגב, רועה מוצא ספר בלתי גמור בשם: בעקבות הרוח.

[קטע מהספר]

ניטרליות ושאלת המקור באמנות

מרגע שעברה את ביקורת הביטחון בכניסה למוזיאון, נח על המבקרת הלך רוח מהורהר. כל חושיה משתעבדים לחוש הראייה והיא נהיית אט-אט לישות סבילה מבחינה חברתית: "הצופה". המרחב מתרוקן, עובר האחדה, והופך למעין ריק בלב הגיוון, ונאמר עליו שהוא "ניטרלי", על מנת שלא לבלבל את ההתנסות של הצופה עם יצירת האמנות או חפץ האמנות.

אפשר שבעייתיים אף יותר הם אותם אמנים שיוצרים למען הניטרליות הזו המובטחת מראש. אמנים אלה משתפים פעולה עם הניטרליות הסטנדרטית של המוזיאונים ונסוגים לאסתטיקה פורמלית בשמה של איזושהי רדיקליות מוטעית.

בחיפוש אחר "ניטרליות" אחרת

בפיסיקה של החלקיקים, הניטרליות הוגדרה מחדש על ידי אחת התגליות המבטיחות ביותר של המאה העשרים: הניטרינו. אף שיש לו מאסה, המאסה הקטנה ביותר שנצפתה עד כה, הניטרינו הוא בלתי נראה ואף חלל קונקרטי אינו יכול להכילו. למעשה, הוא עובר מבעד לחומר מוצק בקו ישר כשם שהוא עובר מבעד לגז ונוזל בלי להאט, במהירות האור. אך אל תטעו: הניטרליות שלו אין פירושה העדר מידע. הניטרינו יודע את שאיננו יודעים: הוא יודע מה מוצאו. בגלל שהחלקיקים הזעירים האלה אינם מושפעים מהשדות המגנטיים המקיפים אותנו ועקב גודלם הזעיר להחריד הם למעשה אינם באים במגע עם חומר - יש להם מסלול ייחודי ולפיכך הם נושאים את המידע על מקורם כשם שחץ מעיד על קשתו.

מנקודת המבט של אמן שעובד וחי בשולי התרבות השלטת, החיפוש אחר מסלולים שאינם מתחשבים בגבולות פוליטיים או תכתיבים כלכליים אלא דווקא מנהלים משא ומתן בעניין שימור הייחודיות התרבותית ותומכים בגיוונה על ידי התקדמות לקראתה הוא חשוב. עניין זה עשוי לעזור להתנתק מהניטרליות

From the point of view of an artist who works and lives in the periphery of the dominant culture, the search for paths that pay no heed to political borders or economic stakes but rather negotiate the preservation of cultural specificities and support their diversities by diverging towards their respective origins is key. It may help to break away from feigned neutrality that is in fact subordinated to the modern concept of the nation-state on the one hand and sustained by the liberal market on the other. How the tracing of its own trajectory may allow an artistic practice to overcome the artificiality of the western cultural setup?

Origins

Each of the following three artists on which I will focus is from a different generation. Their accumulated period of work spans the years from 1938 to the present: this is an attempt to follow a side path to perhaps achieve an alternative account of that dramatic period.

"Sandstone is grainy and when you rub or pound it, it crumbles and becomes the same sand from which it was formed. I was interested not only in the grainy nature of the sandstone and its red coloration but also in its geographical origin. It came from Petra, the ancient city carved in rock, the dwelling place of the ancient Nabateans."[22]

Yitzhak Danziger's "Nimrod" points at the provenance of the sandstone, at the actual transportation of the material by the wind. Like the neutrino, it refers to its own origin, as its materiality points at where the artist believed could be the actual place of rebirth of a Middle-Eastern cultural influence: "Nubian sandstone, the material from which the sculpture was created, bears traces of widely divergent lands and merges them to form a new existence."[23]

Completed in 1938, "Nimrod" is an emblematic work of the pre-state period in local Jewish art. As a member of the Canaanite Movement, Danziger was in favor of founding the future state's culture on the figure of the ancient Hebrew hero rather than

המעושה, אשר למעשה כפופה לתפיסה המודרנית של מדינת הלאום מחד גיסא ומאידך גיסא משומרת על ידי השוק הליברלי. כיצד יתכן שהמעקב אחר מסלול שיאפשר אותה מספק לפרקטיקה אמנותית אפשארות להתגבר על החוקיות של ההגדרה התרבותית המערבית?

מקורות

כל אחד משלושת האמנים בהם אתמקד להלן מגיע מדור אחר. תקופת היצירה המצטברת שלהם נמשכת מ-1938 ועד ימינו: מדובר בניסיון להראות מסלול צדדי שדרכו ניתן אולי להשיג תיאור חלופי של תקופה דרמטית זו.

"אבן חול היא גרעינית" - מסביר דנציגר - "ואם אתה משפשף אותה או כותש אותה, היא מתפוררת ונעשית חול, שממנו היא התגבשה. מחול לחול, אפשר לומר. הייתי מעוניין לא רק בתחושה הגרעינית, במהות החולית של האבן והגוון האדום שלה, אלא גם במקורה הגיאוגרפי. היא באה מפטרה, העיר הקדומה החצובה בסלע, משכן הנבטים הקדום."

"נמרוד" של יצחק דנציגר מצביע על מקורה של אבן החול, על המסלול שעבר החומר שנישא על כנפי הרוח. כמו הניטרינו, הפסל מצביע אל מקורו, כיוון שהחומריות שלו מציינת היכן לדעת האמן יוכל להיות מקום הולדתה מחדש של ההשפעה התרבותית המזרח-תיכונית:[19]

הפסל, שהושלם ב-1938, מהווה יצירה איקונית של העידן הטרום-מדינתי באמנות היהודית המקומית. בתור חבר בכנענים, דנציגר תמך בביסוס תרבותה העתידית של המדינה על דמותו של הגיבור העברי הקדום, ולא על זו של היהודי הקוסמופוליטי העכשווי. למרות שהן התנועה הציונית והן התנועה הכנענית התעקשו על תחייה, זו האחרונה קראה לגיבוש זהות תרבותית שתשלב את כל תושבי הארץ דאז - יהודים כמו גם שאינם יהודים. ניתן רק לשער אם תוכנית שכזו יכולה הייתה להצליח, אך כמו הניטרינו, אולי תהא זו טעות מבחינתנו להאשים את המקור בכשלון היעד. (26)

על פי המיתוס, נמרוד הגה ובנה את מגדל בבל שנועד להתנשא אל משכנו השמיימי של האל. "כשאלוהים ראה שהם נהגו בשיגעון שכזה, הוא לא החליט להשמידם לגמרי, כיוון שלא הפיקו תבונה מהכחדת החוטאים שקדמו להם; אלא זרע מחלוקת בתוכם, בכך ששם בפיהם לשונות שונות, וגרם לכך שעקב ריבוי אותן לשונות הם לא יכולים היו להבין זה את זה[20]". ואמנם, הקללה מנעה מנמרוד להשלים את מפעלו - או כל מפעל קיבוצי כלשהו, לצורך העניין. כמה היסטוריונים מפרשים את המיתוס כניסיון להסביר את הולדת התרבות ואת בבל כערש הציביליזציה.

יחד עם זאת, רלוונטי יותר לטיעון שלי הוא האופן שבו מצביעה הפרשנות

that of the contemporary cosmopolitan Jew. Although both the Zionist and the Canaanite movements insisted on revival, the latter advocated for the formation of a cultural identity integrating all the inhabitants of what was then Palestine – Jews and non-Jews alike. One can only speculate whether such a plan could have succeeded, but like the neutrino, perhaps it would be misguided of us to blame the origin for the failure of the target.

According to the myth, Nimrod conceived and built the Tower of Babel that was meant to reach God's heavenly abode. "When God saw that they acted so madly, he did not resolve to destroy them utterly, since they were not grown wiser by the destruction of the former sinners; but he caused a tumult among them, by producing in them diverse languages, and causing that, through the multitude of those languages, they should not be able to understand one another."[24] The curse successfully prevented Nimrod from completing his enterprise – or any collective enterprise, for that matter. Some historians interpret the myth as an attempt to explain the birth of culture and Babylon as the cradle of civilization. ☛ (26)

However, what is more relevant to my argument is how the Jewish Exegesis interpretation of the myth points at the multiplicity of languages, horizontality and dispersion as a curse. It is precisely in this imposed horizontality that Zvi Goldstein asks about the origin of culture as he follows the wind. The wind, as Goldstein rightly indicates in "Sirocco – Day 4" (presented at the 1998 São Paulo Biennale), takes on many names as it "moves from its source... through the different regions: Chichili in Morocco, Ghibli in Libya, Haboob in Sudan, Khamsin in Egypt, Sharav in Israel and Simoom in Jordan. Sirocco (or rather Scirocco), in any case, is the name denoting this wind in Europe, and it is rooted in old European folklore. In fact, for the ancient Romans, this wind brought into their land not only sand from the desert, but the state of mind of its inhabitants as well".[25] Goldstein not only traces the wind's origin physically, his works also echo the origin of culture as explained in the myth of Babel: rooted in the diversity of languages.

המערבית של המיתוס על ריבוי השפות ועל אופקיותה כעל קללה. דווקא באופקיות כפויה זו שואל צבי גולדשטיין למקור התרבות כשהוא הולך בעקבות הרוח. הרוח, כפי שמיטיב גולדשטיין להראות ב"שירוקו - יום 4" (יצירה שהוצגה בביאנלה של 1998 בסאו פאולו), לובשת שמות רבים כשהיא "מתרחקת ממקורה... ועוברת דרך האזורים השונים: צ'יצ'לי במרוקו, גיבלי בלוב, חאבוב בסודאן, חמסין במצרים, שרב בישראל וסימום בירדן. מכל מקום, שירוקו הוא הכינוי שניתן לרוח זו באירופה, והוא מעוגן בפולקלור אירופי קדום. למעשה, לדידם של הרומאים, רוח זו הביאה לאדמתם לא רק חול מן המדבר, אלא גם את הלך הרוח של נוודיו."[21] יצירותיו של גולדשטיין לא רק מתחקות אחר מקורה הפיסי של הרוח, אלא הן גם מהדהדות את מקור התרבות כפי שהוא מוסבר במיתוס של בבל: כמעוגן בריבוי השפות.

בספרו "רוח: חמש וריאציות על נושא"[22], קורא לנו ויניצקי לבחון את הפיסול כ"מרוקן מחומריותו", כיוון שהוא מתעקש על ריבוי וגיוון המשמעויות האינה־רנטיות לאמנויות החזותיות. לדוגמא, הוא מנצל לטובתו את העובדה שהמלה "רוח" פירושה גם "רוח רפאים", כדי להעלות את רעיון השקיפות. היצירות שלו מצביעות בכיוון זה שוב ושוב: היכן שאחרים רואים ריקנות, הוא רואה שקיפות. הרוח, שויניצקי מתאר אותה בצורה כה פואטית, "רוח".[23] ויניצקי מגלה עניין ברוח כמהות שקופה שנתפסת רק כשהיא באה במגע עם עצמים "אחרים", אקט ראשוני של בריאה שמקדם את הצעתו של דנציגר ואת מפעלו הנמרודי.

לדידו של ויניצקי, הרוח, הנייטרלית מבחינה אלקטרומגנטית, מתפקדת כ"סוכנת חשאית של תנועה"[23] וכמנהגה של סוכנת, מערערת על גבולות מדינות הלאום בזכות ריבוי זהויותיה. לדידו של גולדשטיין, הרוח היא נשאית הפולק־לור והשפה, בעוד שלדידו של דנציגר, הרוח מפוררת את החומר המוצק לחלקי־קים העשויים לשוב ולהתחבר בצורה שונה ובמקום שונה ויחד עם זאת עדיין להעיד על מקורם. מדוע אפוא הולך המרחב החברתי שלנו ומתפצל? מדוע מתנהל מעקב כה צמוד אחר כל צעד ושעל שלנו? שערים אלקטרומגנטיים הולכים ומתפשטים מנמלי התעופה (גבולות) אל הכניסות למבני ציבור: תחנות רכבת, אולמות קונצרטים, מועדונים, מוזיאונים, בתי ספר, אוניברסיטאות, סניפי דואר, ספריות... השדות האלקטרומגנטיים הללו מבצרים ביתר שאת את הגבולות כיוון שהם מיועדים גם לעקוב אחר התנועות שלנו, אחר הגלישה שלנו באינטרנט, ולסנן כל מה שזר, חריג ובלתי-מקובל.

לאור זאת, המוזיאון אינו יכול להרשות עוד לעצמו להגביל את המבקרת באופן שהופך אותה לישות סבילה ומבודדת מבחינה חברתית (צופה) בשם ניטרליות מזויפת, אלא שתחת זאת עליו לתפקד כפלטפורמה לדיאלוג חברתי שתכיר בעלות של שימור בידודו מסביבתו המיידית מחד גיסא ושל התפשטותו הגלובלית מאידך. אף שנודע לו תפקיד חשוב - שכן הוא מאחסן ומשמר יצירות

"The Hebrew word for wind, ruah, has multiple meanings," notes Yonatan Vinitsky. "It denotes wind, signifying the movement of air in a particular direction, a flow of air from one place to another, caused by differences in atmospheric air pressures. In addition, it refers to conception, outlook, metaphysics, soul, tendency, propensity, character, aspect, etc. – also as part of numerous expressions. It is interesting to note how the meaning of the word changes in the Hebrew language from wind to demon or ghost to spiritual. I would like to focus on its transparency. For although I cannot see it, I describe it as transparent."[26]

In his book, which Vinitsky invites us to consider as a "dematerialized" sculpture, as he insists on the multiplicity and diversity of meaning inherent to the visual arts. For instance, he takes advantage of the fact that the Hebrew word ruah also means "ghost" to introduce the concept of transparency. His work recurrently points at it : where others see emptiness, he sees transparency. The wind, as Vinitsky describes it so poetically in his text, "makes the fire grow stronger but snuffs out the flame of the match. That is, each thing interacts differently with the wind. Some it intensifies and others it diminishes. Some it lifts and others it extinguishes".[27] Vinitsky is interested in the wind as a transparent substance that is perceived only as it interacts with "other" objects, a primary act of creation that furthers the proposal of Danziger and his Nimrodian enterprise.

For Vinitsky, the wind, electromagnetically neutral, acts "as a secret agent of movement" [28] and undermines nation-state borders by the multiplicity of its identities, as such an agent would. For Goldstein, the wind is the bearer of folklore and language while for Danziger, the wind disintegrates solid matter into particles that may reintegrate in a different shape and place while still pointing at their origin. Why then is our social space increasingly becoming segmented ? Our comings and goings controlled and regulated ? Electromagnetic portals slowly spread from airports (borders) to the entrances of public buildings : train stations, concert halls, clubs, museums, schools, universities, post offices, libraries... These electromagnetic fields

אמנות - המוזיאון אינו יכול לבסס את המקור או ההקשר של יצירת אמנות מתוך בידודו המלאכותי אלא באמצעות היסטוריוגרפיה, שלרוב קשורה בעבותות למדינות המערב מחרחרות המלחמה.

חלק נכבד מהאמנות שנוצרה בתקופה הנחקרת כאן נוצרה עבור ומתוך הניטרליות המתעתעת והכפויה הזו. ראוי אפוא לשאול אם הביקורת על תנאי ההיתכנות שלה, ובמיוחד הביקורת המוסדית, הקנתה למוזיאון את ההשפעה הנדרשת כדי להיאבק בכוחות הכפייה שצוינו לעיל או דווקא ציידה את הכוחות הללו בנשק חתרני, אשר, על דרך הפיצול והפיקוח, משחזר את סיפור בבל תוך שהוא ממלא את תפקיד האל.

על חלקיקים ומסלוליהם (סיכום חלקי)

לדברי אבן-סינא, מקרה אינו שסע אלא התפצלות במישור מתמשך של אימננטיות. האירוע אינו מתקיים בפני עצמו אלא מניח מהות רציפה שקדמה לו. במחקרה על אבן-סינא, ציינה קטרינה בלו כי לדידו של הפילוסוף הימיביניימי המוסלמי, "ההגדרה של 'מקרה' [...] היא 'מה שמתקיים במשהו בלי להיות חלק ממנו. שהתקיימותו אינה נכונה בלי זה שהוא בתוכו'. מקרה אינו מתקיים בבידוד, אלא רק דרך דבר מה אחר, מהות - או אירוע כשמדובר במזל. מצד שני, המהות 'נפרדת מהמקרה והתקיימותה מתאפשרת בלעדיו'."[24] המהות אינה מותנית במקרה לצורך קיומה, למרות שההיפך הוא הנכון.

למעשה, מספר אינפיניטסימלי של חלקיקי ניטרינו דווקא בא במגע עם חלקיקים אחרים בניסוי, וחוללו "בום כחול" (המקבילה החזותית לבום על-קולי, שמתרחשת כאשר ניטרינו מתנגש עם גרעין של אטום). הבומים הכחולים הללו, הנראים בשכיחות נמוכה עד כדי עשר פעמים בשנה, יכולים להיחשב למקרה במונחים הסתברותיים.

המקרה כאותו חוסר שלמות, כאותה תפנית בלתי צפויה במהלך האירועים שמפיחה רוח חיים בחומר שרוצה בה, עולה מן האוב בפרנקנשטיין למרי שלי. באותו רגע, פרי העמל האנושי מאפיל עליך, מטיל את צלו על האגו המנופח של יוצרו שבאותו רגע ממש היה לחוטא, כיוון שעבר על האיסור האלוהי "לא תעשה לך פסל וכל תמונה". האמנים אינם הגאונים כפי שההיסטוריה הייתה רוצה שנאמין, ובכך היא יוצרת המוני אנשים מתוסכלים ואני בכלל זה. האמנים פשוט אנושיים במלוא מובן המלה, וזו בהחלט סגולה נדירה בעידן שבו צביעות התקינות הפוליטית - והעריצות העכשווית של הטכנולוגיה - מאיימים על כל מבע באותן רוחות רפאים, מבע שעליו איימה בעבר הדת.

בספר זה, ציירתי דיוקן של אותם בני אנוש. אם התרכזתי בחולשותיהם והבטתי בהם כשהם בשפל המדרגה, זה רק בגלל שאיני יכול לקרוא יותר

further fortify frontiers as they also aim at tracing our movements, our navigation in the World Wide Web and filter out whoever is foreign, unusual, uncommon, as if he were to bring a danger, a curse.

Can the museum any longer afford the restrictions that transform the visitor into a socially isolated passive entity (a viewer) in the name of a feigned neutrality? Rather must he function as a platform for social dialogue acknowledging the cost for the maintenance of its isolation from its immediate surrounding on one hand and of its global spread on the other? Although it has an important role – for it stores and preserves artifacts – the museum nonetheless cannot establish the origin or context of a work of art from within its artificial isolation other than by the use of historiography, which is often closely related to the warmonger states from the West.

A significant part of the art production of the period under study was created for and from within this illusory and coercive neutrality. It is thus relevant to ask whether the institutional critique has provided the museum with the necessary absolution to fight the aforementioned coercive forces thus arming these forces with a subversive weapon, which, by dividing and regulating, reenact the Babylonian myth while casting itself in the role of god..

Towards Trajectories

According to Avicenna, an accident is not a rupture but rather a bifurcation in the continuous plane of immanence. The event does not exist on its own but rather supposes a preexisting and continuous substance. Catarina Belo, in her study of Avicenna, notes that for the medieval Muslim philosopher "the definition of 'accident' [...] is 'that which exists in something without being a part of it. The subsistence (qiwam) of which is not true without that in which it is.' An accident does not exist in isolation, but only through something else, a substance – or an event in the case of chance. In turn, the substance 'is separate

סיפורים סופרלטיביים על אמנים וגם לא טקסטים תיאורטיים שמשרתים את האידיאולוגיה השלטת, סיפורים על תחייתו האחרונה של סופר מת ששרים לו שירי הלל, או האמת העירומה של מתבגר כלשהו בפייסבוק. אבל חשוב יותר, נראה לי שהמקומי, המקומיים, מאבדים את עוצמתם ואת השפעתם האפשרית הישירה בעולם זה אשר עובר גלובליזציה ביתר שאת. אם מה שאנחנו (ומכאן ואילך אני יכול לומר אנחנו) צורכים, מה שאנחנו אוכלים נהיה קריטי לדורות הבאים, אז האופן שבו אנו בונים את חברות המחר תלוי באופן שבו אנחנו מתנהגים כיום. במובן זה, מעשי האמנים גלויים לעיני כל והאחריות שבאה עם הנראות הציבורית של יצירותיהם, של מעשיהם, אינה יכולה עוד לזכות ליחס של התעלמות מצד היסטוריונים מרוחקים, וגם הפרקטיקה שלנו אינה יכולה עוד להיות מתוארת כזו של גאונים שמקבלים היתר להשתגע ומנוערים מכל אחריות.

על כן, כשפאול קלה אמר, "Vous savez, le peuple manque" (אתם יודעים, האנשים חסרים), מה שז׳יל דלז פירש כ "Il n'y a pas d'œuvre d'art qui ne fasse pas appel à un peuple qui n'existe pas encore" (אין יצירת אמנות שאינה מזמנת ציבור שאינו קיים עדיין",[25] אני שומע אותם מזמינים אותנו, האמנים, לשגר את יצירותינו אל זמן העתיד בצורה אינטואיטיבית. האקט היצירתי עשוי להפוך לכוונה לשנות את זמן ההווה: מעין היפר- או היפו-מורפיזם. בחרתי לתאר לאורך המסלול הזה הצופה קדימה, שבמידה מסוימת מגדיר את חפץ האמנות הנוצר כהטרוכרוניה, את הפרקטיקה של האמנים, ולביימה באופן ספקולטיבי כסצנות שמזכירות סרטי בלשים זולים.

הסוגה העלילתית של התעלומה הבלשית נראתה לי מתאימה, אם רק נסכים להודות במרחב החברתי החָרב שנוצר כתוצאה מהתעסקותה המתמדת של החברה במלחמה. כיוון שברור שאשליית הביטחון בגבולות אינה מסננת את השנאה שהיא מעוררת בנו, מרגע שהולבשה במדי הלאום, באופן המאפשר להתגבר על הפחד שאנו מטביעים בעיניו ובנשמתו של ילד פלסטיני חף מפשע. השנאה הזו פולשת למרחב החברתי שלנו ולאלה שבוחרים להאמין בבעלות על האדמה על חשבון שפיותנו, אני בולש אחר מעשיהם, שכן אם תצביעו עליי, כולם יוכלו לראות מי עשה זאת, ממש כשם שהניטרינו מצביע על מקורו ובסופו של דבר מעמת אותך עם אחריותך.

אני חושב שעליך לכתוב עוד קצת כדי לסגור את הטקסט, אומר עמי אשר על העריכה, ואני שואל את עצמי מה מתובנותיו יוכל להביא את הספר הזה אל סופו ? ☛ (27)

from the accident and its subsistence obtains without it'." [29] The substance does not depend on the accident for its existence. Although the reverse is true.

In fact, an infinitesimal number of neutrinos did interact with other particles in an experiment, creating a "blue boom" (the visual equivalent of a sonic boom, achieved when a neutrino collides with a nucleus of an atom). Witnessed as rarely as ten times a year, these blue booms could be called an accident in terms of probability.

The accident as this imperfection, this unpredictable turn of events that breathes life into the matter that wants it is invoked in Mary Shelly's Frankenstein. At that moment, a craftwork looms over you, as it seems to cast its shadow over the inflated ego of its creator who at this very moment has become evil, for he has transgressed the divine interdiction of idolatry. Artists are no geniuses as history wants us to believe, thus generating multitudes of frustrated people and you can count me among them. Artists are simply all too human, and that is truly a rare quality at times when the hypocrisy of the politically correct – and the contemporaneous despotism of technology – threatens every expression with the same specters religion used to.

In this book, I presented the portraits of those all-too-humans. If I concentrated on their weaknesses and looked at them when at their lowest, it is simply because I can no longer read superlative stories about artists nor theoretical texts serving the ideology in vogue, the latest revival of a dead author praised to the high heavens or the naked truth of some teenager on Facebook. But more significantly, it appears to me that if I asserted all along this text, the localities are kept bereft of their own power it is to prevent their participation as global players. If what we (and from now on I can say we) consume, what we eat has become critical for future generations then the way we build the societies of tomorrow depends on the way we act today. In that sense, Artists' acts are for all to see and the responsibility that comes with the public visibility of their acts, their works of art, can no longer be drafted out by remote historians and our

practice casted out as the one of geniuses cleared of responsibility of our act by the proverbial madness.

And so when Paul Klee said, “Vous savez, le peuple manque,” (You know, the people are missing), which Gilles Deleuze hears as: “Il n’y a pas d’œuvre d’art qui ne fasse pas appel à un peuple qui n’existe pas encore” (There is no work of art that does not summon a people which does not yet exist)[30], I hear their invitation to us, the artists, to project our work into an intuitively identified and future time. The creative act may become the intent to generate an alteration of the present time: a sort of hyper- or hypomorphism. It is along this projection which, to a certain extent, defines the produced artefact as an heterochrony, that I have been describing the artists’ practice, staging it speculatively into scenes reminiscent of the B movies.

The whodunit, plot-driven, genre seemed appropriate, if we only agree to admit the devastated social sphere resulting from a society busy at war. For it is clear that the illusion of security at borders does not filter the hatred it triggers in us, once dressed up in the national costume, to overcome the fear we impress in an innocent child’s eyes and soul. This hatred is invading our social space and for those who choose to believe in the ownership of the land at the expense of our sanity, I prey on their deeds for if you point at me it will be for all to see who did it, much like the neutrino points at its origin and eventually confronts you with your responsibility. ☛ (27)

At the biblical and cultural heart of the country, the Bezalel Academy of Arts and Design ("Bezalel"), mentioned in Scene 1. Located in Jerusalem, it is the oldest and most prestigious art school in the country. Established in 1906, Boris Schatz oriented the students towards craft, among others, the refined Damascene decorative technique. Perhaps as a way to integrate the local Middle-eastern culture? And so it turns out that the work was made by Jews immigrating from Arab countries and signed by Ashkenazi Jews, go figure!

It did not take long for the academy to drift away from the local culture towards the european jugendstil: turn towards westernized fine art and craft resulting in an institution often affected by flatulence. The artisan but also profoundly religious roots of this now consumerized and secularized school are captured by its name, harkening back to one of the carpenters of the tabernacle carried by the Israelites across the desert :

"And the Lord spake unto Moses... I have called by name Bezalel [sic]... And I have filled him with the spirit of God, in wisdom... and in all manner of workmanship" (Exodus 31; 1-3).

Apparently, art, or at least artisanship, can flourish in the wilderness. With the advent of Zionism, however, the metaphor of making the desert bloom was taken to concrete extremes. It was actually supposed to become green! Following the fantasies of other colonialists such as fascist Italy in Libya and the French in Algeria, this was more than a matter of moving water around, but actually a question of changing the climate to produce an environment congenial to the European psyche. Historically, Israel's Negev desert is indeed believed to have been greener during the time of the Nabateans (floruit, 3rd century BC-106 AD; mentioned in Scene 17). Evidence of their once mighty kingdom suggested to the modern Jewish settler the tantalizing prospect of a home of verdant pastures, eternally envious as he was of the Canaanite, Amalekite, or Arab, or whoever rode

אפילוג

בלב התנ"כי והתרבותי של המדינה, בצלאל אקדמיה לאמנות ועיצוב בירושלים, המוזכר בסצנה 1, הוא המוסד הוותיק והיוקרתי ביותר ללימודי אמנות בישראל. בראשיתו, הנחה בוריס שץ מייסד בצלאל את הסטודנטים ללימוד מלאכות-יד, ביניהם את אחת המסורת המעודנות והיפות ביותר הידועה בשם עבודת דמשק. אולי במטרה להשתלב עם התרבות המזרח-תיכונית המקומית? וכך מסתבר שעשיית המלאכה בוצעה על-ידי פועלים יהודים יוצאי מדינות ערב ונחתמה על-ידי אמני בצלאל שהיו בעיקרם יהודים אשכנזים, לך תבין!

במהלך השנים נטתה האקדמיה יותר ויותר לעבר האמנויות היפות, ויש האומרים לעבר יפי המליצה.

מוסד זה, שעבר בשנות פריחתו תהליך של חילון ומסחור, שורשיו נעוצים עמוק במלאכת היד אך גם במסורת היהודית, בהיותו מכונה על שם של אחד מנגרי ארון הברית שנשאו בני ישראל במדבר:

"א וַיְדַבֵּר יְהוָה, אֶל-מֹשֶׁה לֵּאמֹר. ב רְאֵה, קָרָאתִי בְשֵׁם, בְּצַלְאֵל בֶּן-אוּרִי בֶן-חוּר, לְמַטֵּה יְהוּדָה. ג וָאֲמַלֵּא אֹתוֹ, רוּחַ אֱלֹהִים, בְּחָכְמָה וּבִתְבוּנָה וּבְדַעַת, וּבְכָל-מְלָאכָה" (שמות ל"א).

ככל הנראה, אמנות, או לפחות מלאכה, יכולה לפרוח בשממה. אולם עם עליית הציונות, עברה מליצת הפרחת השממה קונקרטיזציה קיצונית. החולות הצהובים אמורים היו להוריק, פשוטו כמשמעו! כדוגמת הזיותיהם של קולו-ניאליסטים אחרים כמו הצרפתים באלג'יריה והאיטלקים הפשיסטים בלוב, מדובר היה בלא פחות משינוי אקלימי מאשר הסוגיה הפרוזאית של הנחת צינורות לשינוע המים - שינוי אקלימי שנועד לברוא יש מאין סביבה נעימה ליוצאי אשכנז, בלב ובעין. ואמנם, בימי הנבטים (שהגיעו לשיא פריחתם בין המאה השלישית לפני הספירה ל-106 לספירה, מוזכרים בסצנה 17), היה הנגב ירוק בהרבה. שרידים חומריים לתפארת ממלכתם פורשו על ידי המתיישבים היהודים בעת החדשה כהבטחה לכרי דשא, מענה לקנאתם הנצחית בכנעני, בעמלקי או בערבי, בכל מי שחצה אי-פעם את הישימון רכוב על ספינת המדבר, וחש את אותה שייכות קמאית שכל כך הייתה חסרה להם, עם בית לאומי או בלעדיו.

קנאה זו הייתה המנוע הרגשי של תנועת הכנענים, שגם היא מוזכרת בסצנה 17. היו אלה יהודים שהיגרו לא מכבר לארץ והשתוקקו להיות לילידיה, על דרך גיבושה של זהות מקומית א-יהודית בהשראת התרבויות הקדומות שהעלו האר-כיאולוגים מן האוב התת-קרקעי אשר ישבו כאן באלף השני לפני הספירה. על דרך הזדהות שכזו, הם קיוו להפנות עורף למורשתם הארוכה כשנות הגלות - או

a camel across the stubbornly arid landscape, for their self-evident sense of belonging, statehood or none.

That envy was a powerful motive behind the so-called Canaanite Movement, also referred to in Scene 17. A group of immigrant Jews with a passion for indigeneity, they sought to fashion a new, non-Jewish local identity inspired by the cultures unearthed by archeology believed to have inhabited the country in the second millennium BC, and in so doing, turn their backs on their diasporic tradition – on the Shtetl, in a word (see below). The movement achieved some cultural influence in the 1940s, but did not survive the upheavals of the war and ethnic cleansing, and the young state's tendency, that has been gaining traction ever since, to justify them in terms of biblical entitlement, combined with a toxic and indistinct blend of ancient and modern Jewish victimization.

In the 1960s, another and more powerful current of artificial, self-imposed sense of belonging, which unlike the Canaanites survived to this day, emerged and came to be personified by the charismatic figure of Greek singer Aris San (mentioned in the Foreword). A stowaway on board a merchant ship, he arrived in Israel in 1957. Some say he was looking for a young girl he had met, others that he escaped conscription, but whatever the reason the result was a huge love affair with Israel. Aris starred in the nightclubs of a country only recently liberated from a years-long austerity regime. One such club was Ariana in Jaffa. Overlooking the sea, prior to 1948 the place was called Qahwat al-Madfa, or "Cannon Café", after the gun that used to signal the end of the daily Ramadan fast. In the 1960s and early 70s, it was all the rage, with simpletons rubbing shoulders with the celebrities of the time – including the military generals who won the 1967 war – just to get a glimpse of the Greek wonder. What Aris represented, with his music, unabashed and definitely non-Zionist hedonism, was the fantasy of Israel as a Mediterranean country. A land not of milk and honey but of fish and olives, a beach house, a secret cove, a place for which the Middle East was as irrelevant as the Greek countryside is to Piraeus and the

בקיצור, לשטעטל (ר' להלן). התנועה זכתה אמנם לתהודה תרבותית כלשהי בשנות הארבעים, אך לא שרדה את תהפוכות המלחמה והטיהור האתני, ואת נטיית הלב של המדינה הצעירה, שרק הלכה והתחזקה מאז, להצדיקם במונחים של זכות מקראית בתוספת תערובת רעילה וסמיכה של קורבניות יהודית עתיקה וחדשה.

אם לשוב לסצנה 1 ולצהיבותו העיקשת של הנגב בן ימינו, אני זוכר היטב את נסיעתי הראשונה למדבר. כילד, ציפיתי בכל לב לראותו במלוא פריחתו, כפי שחזה בן-גוריון בעיני רוחו. ככל שהעמיקו הוריי לנהוג אל לב השממה, כך הלכה והצהיבה, ללא אות לציביליזציה מלבד הכור הגרעיני בדימונה, כפי שהתחוור לי מאוחר יותר; אם גדר תיל אינסופית היא אכן סממן לתרבות, הרי שמדובר בהישג המעמיד את הפרתנון בצל. בקיצור, עשו עליי סיבוב. תשוקה זו, אותה חלקו לא רק הוריי ועצמי הילדי, התשוקה לראות את הערבה מוריקה (וההודאה הסמויה באי-היתכנותה) נמהלה במילות שירו של עלי מוהר משנות השמונים. בהיותו תמצית מזוקקת של הציונות, ראוי לצטט ממנו לפחות את השורות הבאות: "מגטאות ומחנות הגהנו / אל הביצות ואל הישימון הלכנו / מקצות ערב, מרוסיה ופולניה / הדלקנו אור גם בדימונה גם בדגניה....// איך ישראל צומחת מסביבנו / היא חזקה יותר מכל חסרונותינו / וגם הנגב עוד יהיה פורח / ועוד נדאג שהזקן יהיה שמח".

אך לרוע מזלו של ראש הממשלה המנוח, השטעטל שעל שמו מכונה בית הקפה בסצנה 2 נדמה כמודל רלוונטי יותר ליישוב היהודי, ולו גם בארץ ישראל. דל וצפוף, השטעטל איים לחשוף את יומרות הציונות לעין השמש הצורבת, כהיפוכה הגמור של הישראליות הכנענית, ויבבותיו היידישאיות הושתקו על כן ביד קשה כדי לפנות מקום לקול העברית הצורמת, החדשה.

ובכל זאת לא ניתן היה למחות את השמות הזרים לגמרי, לא אלה שהזכירו למתיישב את עברה הפלסטיני של הארץ, ולא אלה שהתגאו באילן יוחסין אירופי. אלה האחרונים, בפרט, קנו להם אחיזה בעולם השיווק. מעניין לציין בהקשר זה שמתח מסוים ניכר בארץ לאחר השואה: בעוד שכל דבר גרמני נחשב רשמית לתועבה, עדיין ייצגו צלילי השפה איכות, מלאכת-יד מעולה, אם תרצו, כמו בשמה של ענקית הגלידה ומוצרי החלב שטראוס. התחרות בינה לבין תנובה נשאה גם אופי סמלי, כתחרות בין השם הגרמני לעברי, ושניהם משלו בכיפה וגירשו את השם הערבי מהמרחב, בין אם נשא אותו היהודי המזרחי או הפלסטיני שהיה לנוכרי. והודות לנישולו הכמעט מוחלט של זה האחרון ולריכוזיות המשק החקלאי ותנובתו שהתאפשרה בזכותו, נהנות שתי החברות משוק שבוי המוגן על ידי מכסי עתק, ויש בידן אפוא לגבות מחירים מופרזים תמורת מוצרים דלים בחומר (אם כי לא ברוח), דבר שהיה לאחד הגורמים למחאה החברתית של 2011, כמתואר להלן. אפילו הדת מגויסת לקידום רווחיהן: מסורת

Acropolis, a dim memory of something lost in the wasteland and not quite resolved, but easily washed away by the waves.

Back to Scene 1 and to the stubbornly scorched desert of the real. I remember well my first trip deep into the Negev. As a child, I fully expected it be in bloom, as envisioned by Ben-Gurion (the "Old Man"). Mile after mile my parents drove, and the deeper we delved into the desert, the browner it became, with little in the way of civilization except for what I later realized was the nuclear reactor in Dimona; if an infinite barbed wire fence counts for civilization, than this was an achievement equivalent of the Parthenon. In short, I've been taken for a ride. Shared not only by my parents and my childhood self, the desire to see the desert flourish (and its conceded impossibility) is captured in a 1980s song by Eli Mohar. A quintessence of Zionism, it is worth quoting in part: "From ghettoes and camps we have risen/ Into the wilderness and swamps driven / From Arabia, Russia and Romania / We've brought the light to Dimona and Degania //... See how Israel is growing all around / It's stronger than all that brings us down / Even the Negev will be covered in green shroud/ And we'll make the Old Man happy and proud".

Unfortunately for the late prime minister, however, the Shtetl after which the café in Scene 2 is named – the devoutly religious town in the now extinct Jewish Eastern Europe – seems a more relevant model of Jewish settlement even in the Land of Israel. Overcrowded and poor, the Shtetl threatened to expose Zionism's secular pretentions for what they were, and was deemed the antithesis of Canaanite Israeliness, its Yiddish babbling violently silenced to make way to the strident new Hebrew voice.

And yet foreign names could not be eradicated completely, neither those that reminded the colonist of the country's Palestinian past nor those that boasted European pedigree. The latter, in particular, held fast in the marketing world. Interestingly, a certain tension was apparent after the Holocaust, whereby, while everything German was officially anathema, still it stood for quality, for superior workmanship,

זניחה ונשכחת של אכילת מוצרי חלב בשבועות הוצאה בעשורים האחרונים מעבר לכל פרופורציה, וסייעה לפרות הבשן הישראליות ולאחיותיהן העזים להתגבר על העדרים המיובאים ולא להותיר מהם כמעט שריד.

הגבינה הצרפתית האיכותית, שנושלה כך מהשוק, מחזיקה איכשהו מעמד בדיוטי פרי ובמעדניות - מושא הערצה כתזכורת לתרבות המערב הנעלה, אך כלל לא מוצר צריכה יומיומי. לצד ספרד ומצרים, צרפת היא מהארצות הבו־דדות שזכו לשם עברי ייחודי. המילה, המוזכרת בסצנה 2, ציינה במקורה עיירה בלבנון ולא ברור די הצורך כיצד התגלגלה למובנה הנוכחי, אלא אם בדרך של כיבוש לשוני נבואי שבמהופך. באחד מאזכוריה המקראיים הבודדים, מסופר לנו על מסעו של אליהו הנביא לאותה עיירה שכוחת אל, שם פגש אלמנה גוועת ברעב, וכילכל אותה באמצעות נס המושתת על העיקרון (אותו אימצו נביאים מאוחרים יותר כישו עצמו) של הפרחת שאריות עלובות לכדי ארוחת מלכים. אותו עיקרון שימש גם את המכבים כשהאירו את בית המקדש השני בכמות זעומה של שמן זית - ועוד על כך בהמשך.

אפוף מסתורין כפי שהיה אולי עוד במקורו המקראי, שמה העברי של צרפת נכנס לשפה, בעוד שעיברותים מאוחרים יותר עדיין מתקשים להתנחל בלבבות. על אף הצלחתה המסחררת ביצירת עובדות אתניות חדשות בשטח, רבים מהשמות שבראה המדינה החדשה יש מאין אחרי 1948 - לכפרים, הרים, רחובות ועמקים - עודם נודדים בשממת המפות הרשמיות ושלטי החוצות, ואיש אינו נותן עליהם את דעתו. דרך סלמה, היכן שמוקם "המאגר", מהווה דוגמא מצוינת לכך (ר' סצנה 4). רחוב ראשי המשתרע מיפו מזרחה, הוא קרוי על הכפר שאליו הוביל בעבר, שאליו הוא עדיין מוביל, יש לומר, כיוון שהרחוב קיים, אלא שהכפר איננו, או בעצם קיים, אלא שכיום, לאחר טיהור הפלסטינים מהארץ והעיר, אינו אלא שכונה נידחת של תל אביב העונה לשם "כפר שלם". שמו העברי הרשמי של הרחוב הוא "שלמה" ("אל שלם"), אך כמעט אין איש שמעלהו על דל שפתותיו, מלבד אולי תיירים וזרים אחרים, לתדהמתם וגיחוכם של הישראלים. זכורה לי היטב הפעם הראשונה בה ראיתי את השלט ולרגע נדמה היה לי שטעיתי ברחוב. ואולי כך היה...

שדרות ירושלים, המוזכרות בסצנה 5, ניצבות לדרך סלמה, ומהוות דוגמא נוספת לשעשועי השיום. בהיותה מפלצת מודרניסטית בהשראת שדרות אוסמן של פריס, היא התדרדרה לכדי עורק נרקומנים. מהנדסיה העותומנים השקיעו בה את כל מה שזר למזרח - מדשאות התלויות במים משונעים כדי לשמר את צבען הירוק, המצטהבות בכל קיץ מחדש בעוצמת השמש הקופחת; מדרכות נרחבות שאינן מזכירות במאומה את השטעטל, ועוד פחות מכך את העיר העתיקה של יפו; בתי קולנוע וקפה, ושעוני ענק המתיימרים להפריח בדיוקם את שממת הזמן האוריינטלי הבלתי-לינארי. ליפואים שבינינו מעולם לא היה

if you will, as in the name of the ice-cream and dairy products giant Strauss. The competition between it and Tnuva was also a symbolic one, between the German and Hebrew name, both of which held sway to the detriment of the Arabic name, whether borne by the Eastern Jew or the Palestinian Arab. And thanks to the almost total dispossession of the latter and the resulting centralization of agricultural production, both companies enjoy a captive market protected by huge tariffs, and are able to charge exorbitant prices for low-quality goods, a fact that would become one of the triggers for the 2011 social protest described below. Even religion is recruited to promote their profits, as an obscure tradition of eating dairy foods in the early summer holiday of Shavuot (Pentecost) has been blown out of all proportion over recent decades, helping Israeli cows and goats get the best of foreign flocks.

Effectively barred from the market, in case you wondered, French cheese remains within the purview of duty free shops and boutique delicacies – an object of admiration connotative of Occidental highbrow culture rather than a daily staple. Together with Spain and Egypt, France is one of few countries with a unique Hebrew name. Mentioned in Scene 2, Tsarfat, in modern transcription, or Zarephath, in King James' quaint rendition, it was originally a town in Lebanon and it is not altogether clear how it came to stand for the European kingdom, other than by way of reverse prophetic linguistic colonization. In one of its few biblical mentions, we learn of Elijah's sojourn there, where he meets a hungry widow and sustains her with a miracle based on the principle (embraced by subsequent prophets such as Jesus himself) of turning pitiful remains into a plentiful buffet. That principle also served the Maccabees as they managed to light the Second Temple with a miniscule amount of olive oil – more on them below.

Shrouded in mystery as its origin may have been, the Hebrew name for France stuck, whereas other, more recent Hebraizations still falter in their struggle against common usage. Despite its resounding success in changing the ethnic

נהיר היכן בדיוק מתחילה השדרה ואנה היא הולכת. נטע זר שאימצו בהתלהבות המעצמות שירשו את הטורקים, מתוך כוונות דומות ובמידה דומה של הצלחה, ונתנו לה שמות שקשרו לה כתרים. בעקבות "המלך ג'ורג'", גלגולה האחרון מכונה על שם הבירה, לא פחות, למרות שבפועל היא ניצבת, כאמור, לסלמה ולדרכים מקבילות אחרות המוליכות ירושלימה. קומץ היפואים ששרדו את הטיהור האתני התרשמו פחות, ומתעקשים לכנותה "נוזהה", או "טיילת", על שם האזור רחב הידיים שמחוץ לחומות העיר העתיקה, שאולי מוטב היה להם להישאר בתוככיהן.

היפוכה הגמור של העיר העתיקה, הרחק מעבר למקף שבתל אביב-יפו, העיר הלבנה הוא השם שניתן - במידה לא מעטה של נדיבות לאור צבעם בפועל - למקבצי הבניינים שהקימו אדריכלים יהודים בני אשכנז בעיקר בשנות השלו־שים. הסגנון שנהגה בבית הספר באוהאוס שבוויימאר, הידוע בישראל גם כ"סגנון הבינלאומי", גילם גישה מעשית לבעיית הדיור, תכלית הניגוד לפאר ולהדר של ההיכל האוריינטלי. הבניינים, שהוכרו יחדיו כאתר מורשת של אונסק"ו, מעידים על הדגש העירוני החזק אך המודחק שבציונות, שהייתה כפי שכבר נאמר מעדיפה להוריק את הערבה מלצבוע את העיר בלבן.

חלוצי הקיבעון הזה של צהוב לירוק היו הקיבוצים (סצנה 5). לצורת ההתיישבות הזו שנהגתה בתחילת שנות העשרים ונותרה תמיד כמשמר קדמי אמיץ אך דל במספרים נודעה השפעה סמלית אך גם חומרית יוצאת מגדר הרגיל על התרבות הציונית והישראלית. סוציאליסטים למראית עין, היישובים הכפריים הללו על מדשאותיהם עטורות הממטרות היו תמיד בראש ובראשונה אוונגרד של הלאום, כיוון שמלבד ניסויים שנערכו בלב ולב ולא זכו להצלחה, כל חברי הקיבוצים היו מאז ומתמיד יהודים - והמובחרים שבאלה. משום שלא נאלצו להתמודד כמו העיר עם מובטלים, חולים, מסוממים או מוגבלים, לפחות לא בקרב דור המייסדים, הקיבוצים היו אפוא גן עדן של שוויון מוחלט בקרב נבחרת של שווים. אם זה נשמע כמו ספרטה, אין זה מקרה. במימון הון יהודי זר ולאחר מכן במימון מדינה נדיבה להחריד שהעניקה להם אדמות ערביות מופק־עות ושלל הקלות כלכליות, שעל החשובות בהן נמנות אותן חומות מכס אמורות לעיל שאיפשרו למונופול כמו תנובה לשגשג, קומונות חד-אתניות חקלאיות זעירות אלו גידלו ממיטב חיילי האומה. הם צמחו בקבוצות גיל קטנות בנפרד מהוריהם, וחוו אחוות לוחמים, הקרבה עצמית ומסעות מפרכים הרבה לפני שהצטרפו לסיירות וכיתתו את אתיהם לחרבות.

אולם המפגש בין העמים לא היה תמיד מפגש של להבי החרב. בסצנה הבאה, סצנה 6, אנו מבקרים בחומוסיה, שם משתמש גיבורנו טוויטו בברכה הערבית שאומצה, ובמובן מסוים נכבשה על ידי העברית. וכאן אנו מגיעים לנקודה שיש לבארה באריכות מה. כשערבים משתמשים בברכת "אהלן וסהלן",

facts on the ground, many of the names hastily conjured by the new State of Israel after 1948 – for towns, mountains, valleys, and streets – remain isolated in official maps and road signs, to be ignored by all.

Salame, where the Reservoir was located, is a case in point (see Scene 4). A main street stretching eastwards from Jaffa, it is named after the eponymous village to which it used to lead, to which it still leads, in fact, as the street exists, only the village does not, or rather it does, only today, after its cleansing of Palestinians, it is a downtown neighborhood of Tel Aviv called Kfar Shalem. The street's official Hebrew name is Shalma ("towards Shalem"), but hardly anyone uses it, except for tourists and other outsiders, a practice always greeted by locals with scorn. I actually remember the first time I saw the street sign and for a moment, I thought I was on the wrong street. Maybe I was...

Mentioned in Scene 5, Jaffa's Jerusalem Boulevard, which runs perpendicularly to Salame, is another case in point. A modernistic monstrosity inspired by the Hausmannian boulevard, it has degenerated into a heroin highway. Its Ottoman engineers invested it with everything that is foreign to the East – lawns dependent on transported water for their green, bleached year after year into yellow by the mighty Middle-Eastern sun; broad pavements that look nothing like the Shtetl, and even less like the Old City of Jaffa; cinemas, cafés, and clocks that deign to defy the non-linearity of Oriental time.

As soon as you turn your back on the boulevard, however, you are faced with what it so desperately wanted to erase: tiny filthy alleys dreaming of the cosmopolitan Kasbah of which they were once part and parcel, or to put it less kindly, "haven for the mongrel scum of the Earth, an engorged parasite on the underbelly of the West" (Naked Lunch, 1999; dir. David Cronenberg). By way of backhanded compliment to one of the greatest philosophers of the Islamic golden age, by the way, one of these alleys is named after Ibn Khaldun – another slap in the face for whoever expected Zionism to be honestly reflective about itself. No, a non-Jew in occupied Jaffa has to rise to

כוונתם לומר "ברוכים הבאים והרגישו בנוח", ולא ל"שלום" הפשוט כפי שמקובל בקרב יהודים להאמין. הברכה קשורה בעבותות למנהגי הכנסת האורחים שהילכו קסם על הכובשים בני המערב, אם כי אלה האחרונים שגו בהבנתם. אין זה מקרה שהברכה מופיעה כאן בהקשר של הסעדה, כיוון שיהודים ומטיילים אחרים הבאים ממרחקים אינם תועים עוד אל מאהלים בדואים או בקתות כפריות של פלאחים ומצפים ללון שם עד בוקר. המגע בין העמים קצר בימינו, ומסתכם בהגשת חומוס או מנות אחרות, תזכורת מזורזת לעליונותו של האורח-הלקוח על פני המקומי המשביעו. מבחינה כלכלית, עליונות זו מובטחת בזכות שלל המחסומים המבניים שהקים המערך הצבאי-תעשייתי (ר' הגדרתו של גרינברג ל"ביטחון לאומי" בסצנה 2). ישראלים רבים בקושי מודעים לגובהם של מחסומים אלה, או פשוט משקרים לעצמם, ועל כן מאמינים בלב ובתמים שהערבים הפלסטיניים פשוט נוטים מעצם טבעם לשרתם, והברכה למדה לגלם ברבות הימים את אותם יחסי הכוחות. אף שאמנם הם מצווים גורשו מתוקף תרבותם לגלות הכנסת אורחים להלך הנזקק, איש במזרח הערבי מעולם לא העלה בדעתו שהאורח מהמערב ייטה ללון ללילה כה ארוך. לחילופין, הסירוב "לארח" מטעם זה שבחלוף הזמן, בדמות מרידות מזוינות ואינתיפאדות והתנגדות לתכניות שלום של המערב, אשר מפציעות מעת לעת במרחב, נחשב בתרבות הישראלית העממית להפרת אותו מנהג - "סכין בגב". בעברית היומיומית, מתוך נוסטלגיה להכנסת האורחים שקדמה לאותו סכין, הפך ביטוי ערבי נרדף ל"שלום", והיהודים משתמשים בגרסה המקוצרת "אהלן" גם בינם לבין עצמם, כדי להזכיר לעצמם שכל מפגש בין מזרח ומערב טומן בחובו את ההבטחה לקבל שירות.

ובכל זאת, כמה מהמפגשים הקודמים לא היו נעימים. במסעותיהם במדבר, בני ישראל שברחו כביכול מכלאם שבארץ היאור, בעוד שבפועל כי השתהו יתר על המידה על סיר הבשר, דימו לעצמם - ורימו את כל הדורות הבאים - כי הביסו את הצבא המצרי וציירו תמונה חסרת שחר של ארץ שהייתה חרבה. ליתר דיוק, הם נפלו בפח שכרה להם בעל החלומות משה, שהגה את הסיסמה "ארץ זבת חלב ודבש" (ר' סצנה 6) כדי לדחוק בהם מזרחה. פרסומאי כושל - "לא איש דברים אנוכי", הוא עצמו מתוודה בפני אלוהים בשמות ד' 10 עוד לפני שקיבל על עצמו את המשימה כפוית הטובה - אפשר שהחמיץ את האירוניה שבצירוף המלים האומלל. צאן מרעיתו ודאי שלא החמיצוה, כיוון שהתחננו חזור והתחנן לבשר: "מִי-יִתֵּן מוּתֵנוּ בְיַד-יְהוָה בְּאֶרֶץ מִצְרַיִם, בְּשִׁבְתֵּנוּ עַל-סִיר הַבָּשָׂר" (ט"ז: 3), הם מקוננים בקול בלתי-צמחוני בעליל. והעתיד הרחוק לא טמן בחובו הבטחה: גם במאה העשרים, יהיה עליהם להסתפק בתוצרת תנובה מהקיבוצים.

כשרות המזון ושלל האיסורים האחרים פירושם היה שהנאות הבשר, בשני

the ranks of all-time intellectual celebrity to be rewarded with what amounts to the back door of the shawarma parlor.

For the local Jaffaites, it was never clear where exactly the boulevard began and where it was supposed to lead. A foreign implant enthusiastically adopted by subsequent powers, with similar intentions and similar degrees of success, its successive names were high and mighty. Following King George, in its most recent incarnation it is named it after the Holy City, although it is in fact perpendicular, as mentioned, to Salame and to other parallel roads leading there. Unimpressed, the few Jaffaites who have survived the ethnic cleansing persist in calling it Nuzha, or "park", after what used to be the expansive area outside the Old City walls, behind which perhaps it would have been wiser to remain.

The very opposite of that Old City, far across the hyphen in Tel Aviv-Jaffa, the White City is the name given – rather generously in view of the stains that cover so many of them – to several clusters of buildings erected mainly by German-Jewish architects in the 1930s. Conceived in the Bauhaus School and known also as the International Style, theirs is a distinctly practical approach to housing, antithetical to the opulence of the Oriental palace. The buildings, collectively recognized as a UNESCO heritage site, attest to the powerful but persistently repressed urban current in Zionism, which would as already suggested, rather plant the desert green than paint the city white.

The vanguard of this yellow-to-green obsession has been the kibbutz (Scene 5). Conceived in the early 1920s and always few in number, the kibbutzim had a disproportionate symbolic but also material influence on Zionist and Israeli culture. Deceptively socialist, these rural settlements with their typical irrigated lawns were always primarily nationalist, as except for occasional half-hearted experiments, all kibbutz members have always been Jews – and carefully selected ones, at that. Not required to deal, like the city, with unemployment, mental illness, drug abuse, or disability, at least not among the founding members, the kibbutz was thus a paradise of total equality

המובנים, תמיד היו זרות להוויה היהודית. ככל שהתיימרו להיות חילוניים, סגפנותם של הקיבוצים הייתה למעשה קרובה הרבה יותר ברוחה לאותה אדיקות מאשר להוללות של תל אביב - יוצא-מהכלל היסטורי המסותת באבן מקראית. המונח "עונג שבת", המוזכר בסצנה 7, מגלם את אותו זן מיוחד של סגפנות שאינה נזירית. בניגוד לנצרות הקתולית, פרישות מוחלטת זרה לרוח היהדות - אולי אף ביתר שאת בישראל של ימינו, המצפה מהאם היהודית להוליד חיילים לרוב, ומשפחה ולה רק ילד אחד את הקודש מחללת. בהתאם למשטר אפקטיבי בהרבה מהכחשת התשוקה המוחלטת, מוגבל הזוג היהודי הדתי לאותם ימים של טוהר, והזכות ליהנות מתשמיש המיטה זוכה להכרה בתור שכזו רק ביום השביעי, ומכאן "עונג שבת".

ה' צבאות מרוצה עד מאוד כשזוג יהודי מתנה אהבים ביום המנוחה. ועל אף מרדנותם האמורה של בני דור המדבר ובגידות מאוחרות יותר, עלה תמיד בידו לזכות מחדש בלב היהודי, גם לאחר השואה. אפשר שאחת הסיבות לכך היא המונופולין המיתולוגי שלו. מונותאיסטית עד כדי אתאיזם, כפי שיש הטוענים, היהדות דלה להפליא ביצורים על-טבעיים, ויש בה אך מעט מכל מיני השטנים, הרוחות והשדים המתגודדים בכתבים החיצוניים של דתות אחיות. באסלאם, "אבליס" המוזכר בסצנה 8, היה במקור מלאך שנצרב באש, בניגוד לאחרים שנצרבו באור. הוא נהפך לג'ין (שמקבילו העברי הוא הדיבוק המוזכר בסצנה 13) בעקבות מרדנותו, משסירב להשתחוות לאדם הראשון.

סירוב דומה היה מהגורמים למרד החשמונאים: יהודי אותם הימים נדרשו להשתחוות לאלילים, צו שרבים העדיפו למות על קידוש השם ולא לקיים (ר' סצנה 13). המרד המוצלח, שהוביל להתפרצות שנייה וקצרה של ריבונות יהודית בארץ, מוזכר בימי הבית השלישי על בקבוקי בירה. למעשה, עד שנות התשעים עם הגלובליזציה של המשק הישראלי, "מכבי" הייתה אחד משני מותגים בלבד שניתן היה להשיג בישראל. מכבי, כידוע, הוא גם שמה של התאחדות ספורט, ובשנים 1977 ו-1981 עשתה קבוצת מכבי תל אביב היסטוריה כשזכתה בגביע אירופה בכדורסל. היבט הגלובליזציה של אותו הישג הונצח בקריאתו המפורסמת של טל ברודי: "אנחנו במפה, ואנחנו נשארים במפה!"

עורקה הראשי של הגלובליזציה הפועמת בלב תל אביב הוא שדרות רוטשילד, המוזכרות בפרק 14. בעבר רחוב עגום שהזכיר במידה מסוימת את שדרות ירושלים היפואיות, הוא הצדיק מאז שנות התשעים את הנדבן שעל שמו הוא קרוי עם מחירי נדל"ן ובניינים שגירדו את השחקים. מוצא השדרה ברחוב אלנבי, תזכורת ליחסי האהבה-שנאה של המדינה עם הכובשים שבלעדיהם לא הייתה לה תקומה בדמות הגנרל הבריטי שצעד אליה כל הדרך ממצרים, בלי לצפות לסיר בשר וודאי שלא למדשאה. אך בעוד שאלנבי נותר רחוב צפוף ומלוכלך כסמטה שבשטעטל, עלו שדרות רוטשילד כפורחות. וכשפרצה המחאה החברתית ב-2011, במידה רבה

among a select group of peers. If this sounds like Sparta, it is no coincidence. Financed by foreign Jewish capital and subsequently by a very generous state that granted them expropriated Arab lands and all manner of financial reliefs, not the least of which was the aforementioned protectionism that enabled monopolies such as Tnuva to flourish, these tiny agricultural ethno-communes cultivated some of Israel's finest soldiers. Growing up in small age groups separately from their parents, these would-be combatants came to experience camaraderie, self-sacrifice, and rugged fieldtrips long before they joined the elite units of the IDF and turned their proverbial plowshares into swords.

The interethnic encounter has not always been at the tip of the sword, though. Moving on to Scene 6, we are taken to the hummus joint, where Tweetu uses an Arabic greeting that has become incorporated, in a sense even coopted, by Hebrew. Now this is a fine point that needs to be explained at some length. When Arabs use the greeting ahalan wa-sahalan, they mean something like "welcome and feel at ease", rather than simply "hello" as most Israeli Jews believe. It is associated with the traditional hospitality that has so fascinated Westerners, but has also been profoundly misunderstood. It is no coincidence that the greeting appears here in the context of a restaurant, as Jewish and other foreign travelers no longer wander into Bedouin tents or peasant village shacks expecting to be sheltered for the night. The interaction is brief, amounting to the delivery of hummus or other delicacies, and providing a quick reminder of the guest-cum-client's superiority over the local serving him. Economically, this superiority is ensured through an array of structural barriers erected by the military-industrial complex (see Grinberg's definition of national security in Scene 2). Perhaps only dimly aware of the extent of these barriers, or simply lying to themselves, many Israelis have come believe that Palestinian-Arabs are naturally inclined to serve them, and the greeting has come to connote this power hierarchy. Although indeed bound by powerful cultural imperatives to show hospitality to the

בהשראת "האביב הערבי", מרכזה היה בעורק היוקרתי, ואוהלים צמחו בו בכל עבר, בית לפעילים שבילו שם את ימי הקיץ, במחאה נגד מחירי הדיור. וכשכשלה מחאתם, היד שנשלחה בקיץ אחד לעבר צעירים-אחים במזרח התיכון הושבה כלעומת שבאה, והתקפלה גם זו הפעם מאחורי חומות המאחז המערבי "המחובר לעולם כולו" בעבותות והמנותק כליל משכונתו. (28)(29)

sojourner in need, nobody in the Arab East has ever expected the Western guest to overstay his welcome to such an extent. Conversely, the refusal of "hospitality" on that ground, in the form of armed rebellions and Intifadas and opposition to occasional Occidental peace plans, is popularly conceived in Israeli culture as the betrayal of that custom – a "knife in the back". In everyday Hebrew, out of nostalgia for the pre-knife naïve hospitality, this Arabic expression has become synonymous with "hello", with Jews using the shortened version, ahalan, among themselves to remind themselves that every encounter between East and West holds the promise of being served.

Some of the previous encounters have not proved more hospitable, mind you. As they travelled from Egypt, the Children of Israel, pretending to have escaped their Egyptian jail, rather than simply overstaying their welcome, fooled themselves and future generations into believing they have defeated the Pharaoh and painted an unrealistic picture of the yellow land of grass and goats they were about to inherit instead. More precisely, they were manipulated thus by their manic Moses, who used the slogan "Land of Milk and Honey" (see Scene 6) to keep them crawling east. Not much of a copywriter – "I am not eloquent", he himself admits to God in Exodus 4:10, long before undertaking the thankless task – he may have missed the irony of that turn of phrase. His flock certainly did not, as they kept pining for beef: "Would to God we had died... in the land of Egypt", they cried in a distinctly non-vegetarian tone, "when we sat by the flesh pots" (16:3). And the distant future held little promise for them: in the 20th century, they would have to settle for Tnuva products from the kibbutzim.

Kosher food and countless other restrictions meant that the pleasures of the flesh, in both senses, have always been foreign to the Jewish experience. As secular as they pretended to be, the asceticism of the kibbutzim was in fact much closer to that spirit than the wild parties of Tel Aviv – verily a historical exception to the rule cast in biblical stone. The term Oneg Shabbat, in Scene 7, is emblematic of that breed of non-monastic austerity. Unlike

Christianity, in Judaism total abstinence is frowned upon – perhaps even more so in modern Israel, where the Jewish mother is expected to produce soldiers, and a one-child family is almost sacrilegious. In a model that is perhaps much more effective in quenching passion, the religious Jewish couple is limited to "those" days, and the right to enjoy lovemaking is acknowledged only on the seventh day of the week, the Sabbath, euphemistically referred to as "the pleasure of the Saturday", or Oneg Shabbat.

The Almighty is mighty pleased when a Jewish couple make love on the Sabbath. And despite the aforementioned intransigence of the Desert Generation and other, subsequent infidelities, He has always managed to win back the Jewish heart, even after the Holocaust. Perhaps one reason for it is His mythical monopoly. Monotheist to the point of being atheist, as some argue, Judaism is hopelessly poor in deities and supernatural entities, with little to offer in the way of the Satans and Antichrists, spirits and ghosts that crowd the secondary scriptures of fellow religions. In Islam, Iblis, mentioned in Scene 8, was originally an angel created from fire, unlike others made of light. It was turned into a genie (the Jewish equivalent of which is dybbuk, mentioned in Scene 13) following his act of disobedience, having refused to prostrate himself before Adam.

A similar refusal was a factor in the Maccabees' 2nd-century BC rebellion against the post-Alexandrian Greek rulers of Palestine: among other things, the Jews at the time were required to prostrate themselves before Greek deities, an order many preferred to become martyrs rather than obey (see Scene 13). The successful rebellion, which led to a second and short bout of Jewish sovereignty in Palestine, is commemorated during the current third by a popular beer brand. In fact, until the 1990s and the globalization of the local economy, Maccabee was one of only two beer brands widely available in Israel. Maccabee is also the name of the country's leading sports association, and in 1977 and 1981, Maccabee Tel Aviv made history by winning European basketball championships. One of its sweaty stars celebrated the globalization aspect of this achievement by

famously screaming at a TV reporter: "We are on the map, and we will remain on the map!"

The beating heart of globalization in Tel Aviv is Rothschild Boulevard, mentioned in Scene 14. Formerly a forlorn street much like Jerusalem Boulevard in Jaffa, it came to justify its namesake since the 1990s with spiraling real-estate prices and high-rises towering all around it. The boulevard stretches from southern to central Tel Aviv, beginning near Allenby Street. A reminder of Zionism's love-hate relationship with its colonial enablers, the street commemorates the British general who occupied Palestine from the Ottoman Turks in 1917-18, having marched all the way from Egypt, without expecting to find any flesh pots or green pastures, I presume. But while Allenby remained a crowded and dirty Shtetl-like street, Rothschild Blvd. became something else entirely. When the social protest erupted in 2011, inspired in large measure by the Arab Spring, its center was in the upscale boulevard, with tents sprouting everywhere and activists spending the entire summer there, protesting against the impossible housing prices. And when these protests failed, prices continued to spiral, and the short-lived hand stretched out to fellow youngsters in the Middle East was retracted, again giving way to a walled-off Western colony connected to the entire world and oblivious to its immediate hood. ☛ (28) (29)

Ami D.Headitor

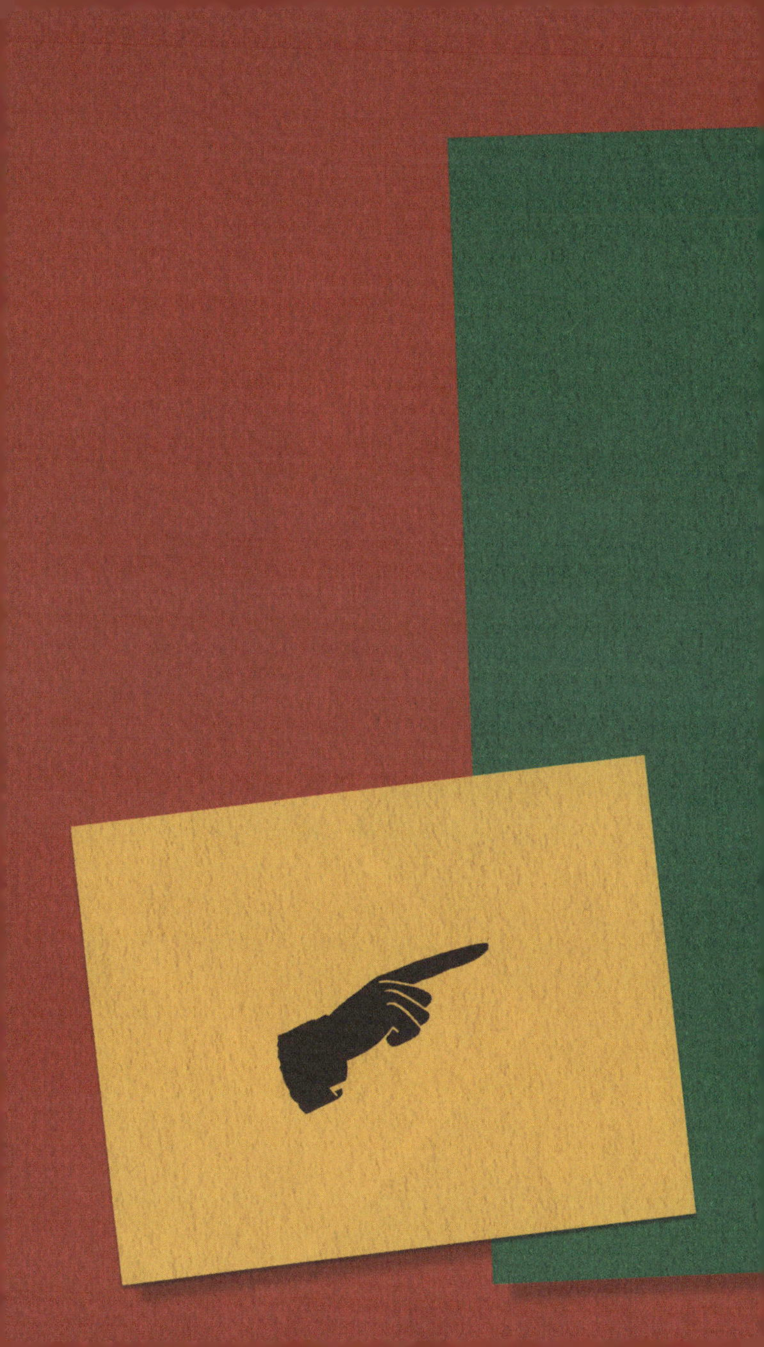

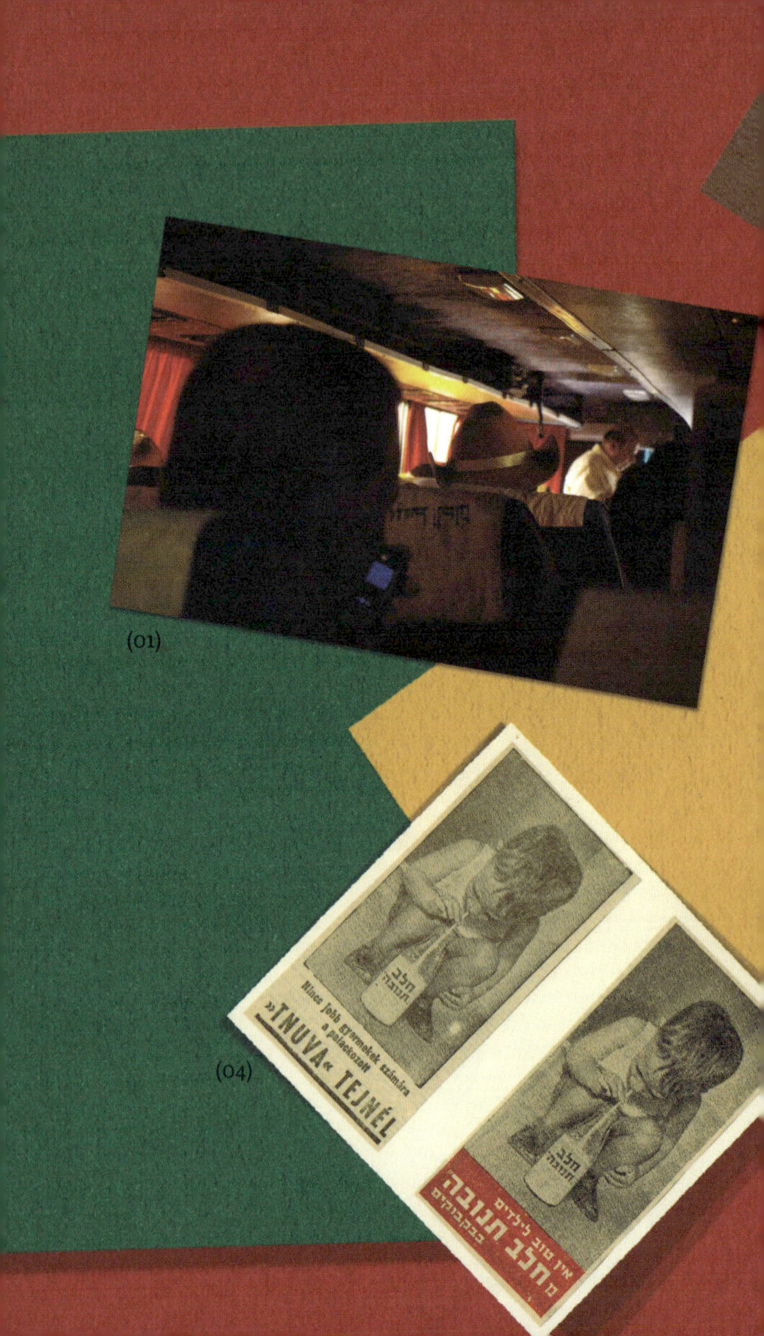
חלב
תנובה
Nincs jobb gyermekek számára
a palackozott
»TNUVA« TEJNÉL
חלב
תנובה
אין טוב לילדים
מ חלב תנובה"
בבקבוקים

(01)

(04)

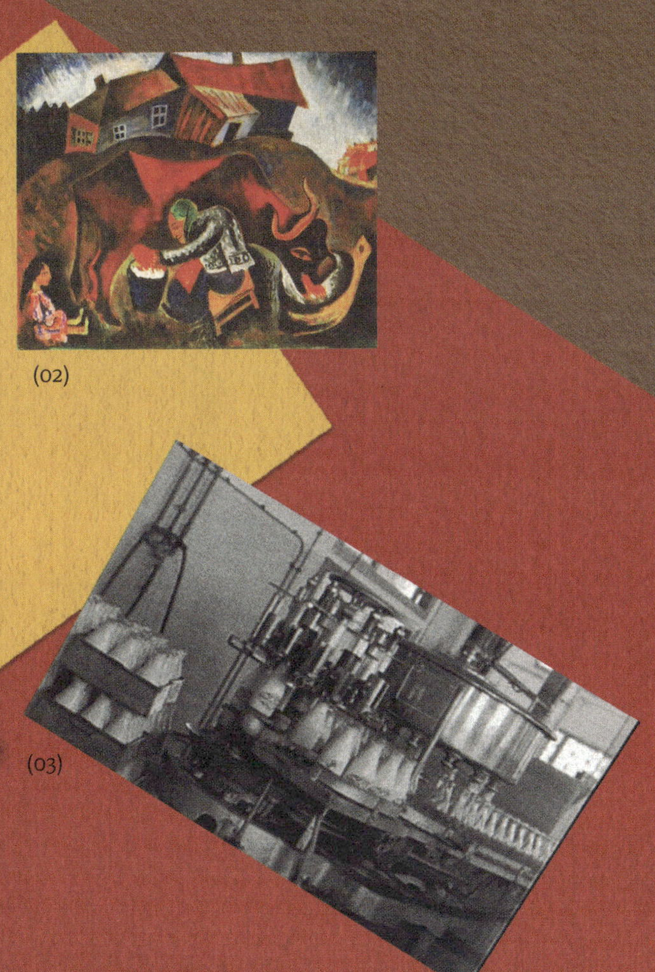

(02)

(03)

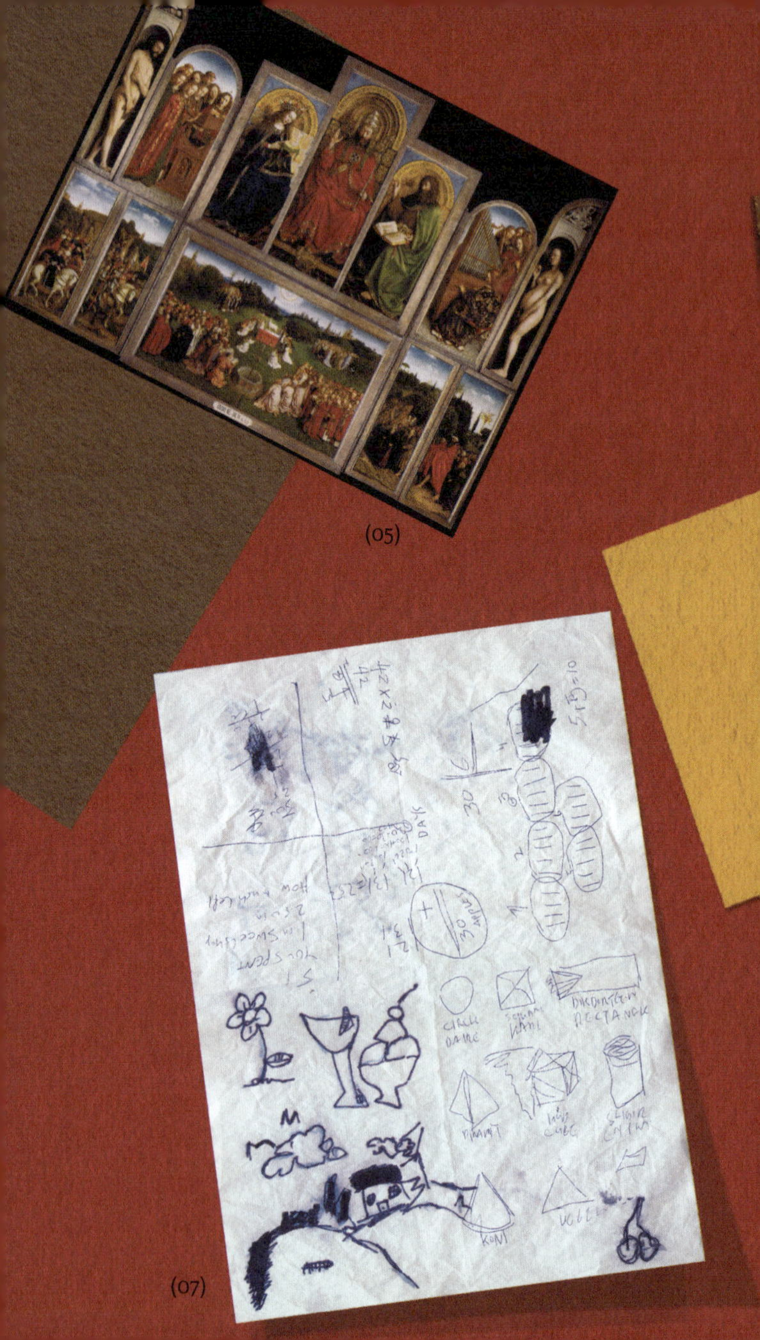

(05)

(07)

(06)

(09)

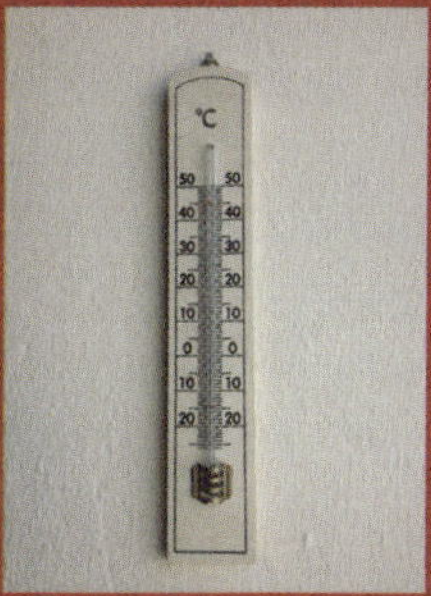

(08)

x10000
512 x 480
(19)

(10)

Leitz
WETZLAR
focomat Ic
ERNST LEITZ GMBH WETZLAR
(18)

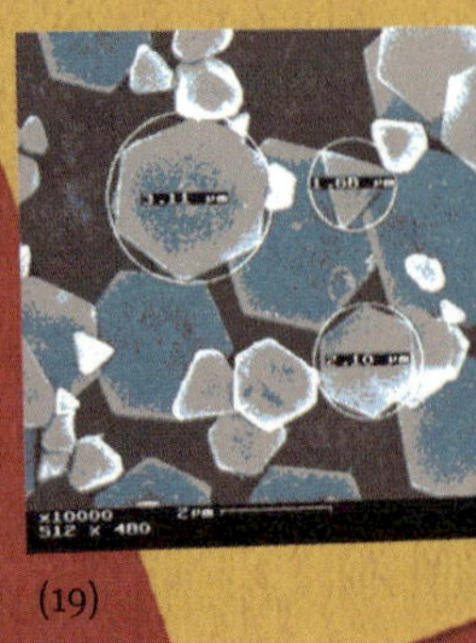

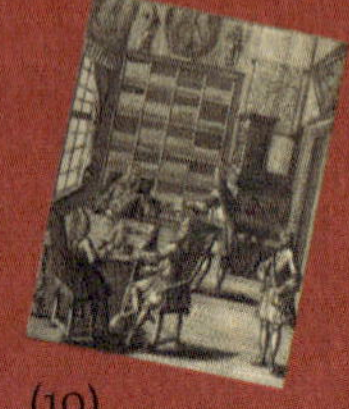

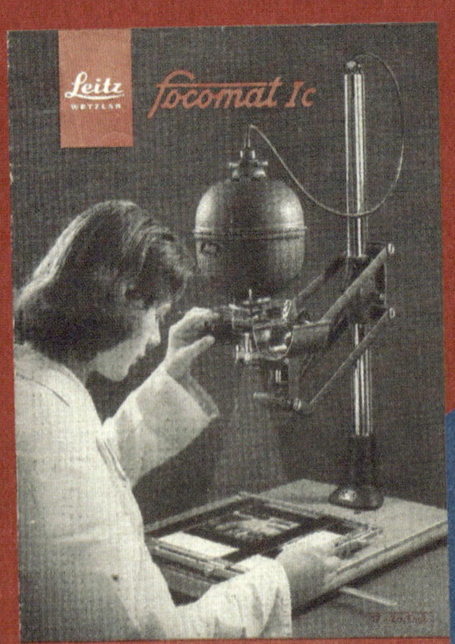

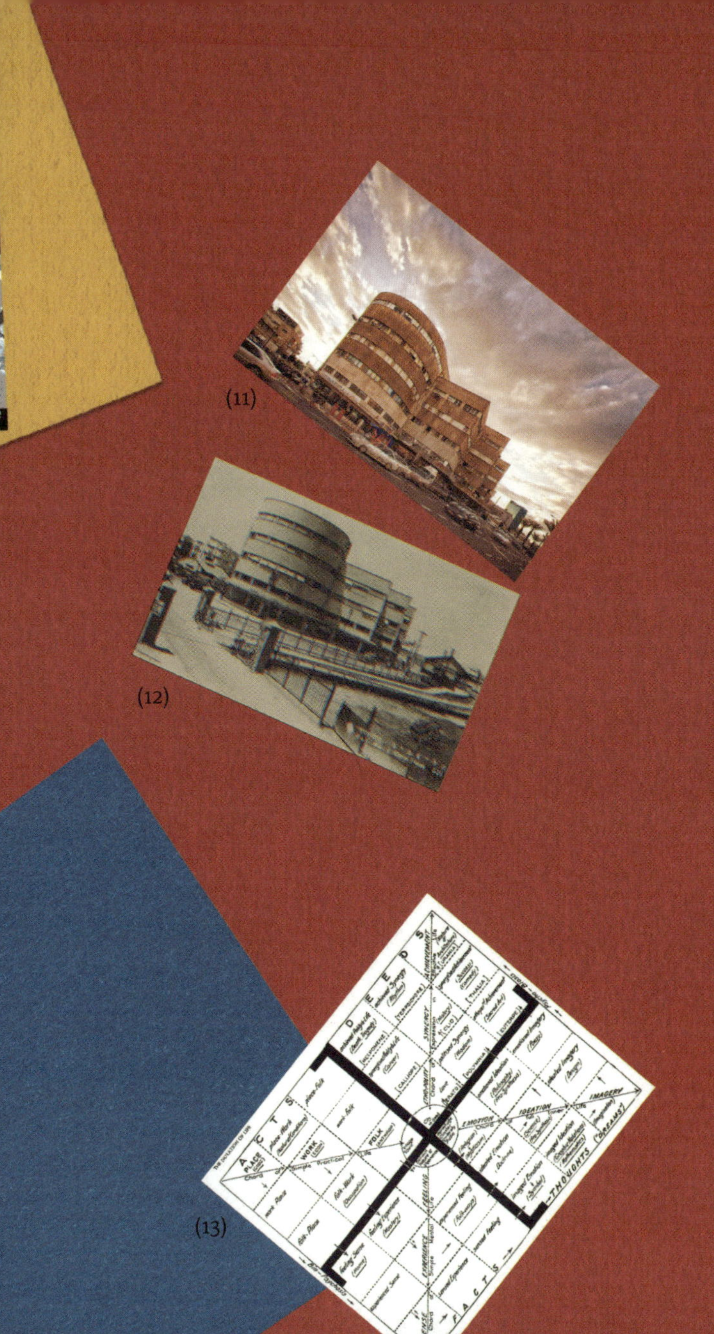

(11)

(12)

(13)

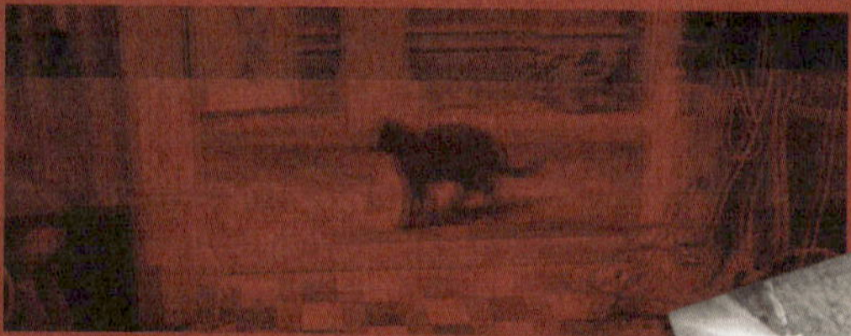

(16)

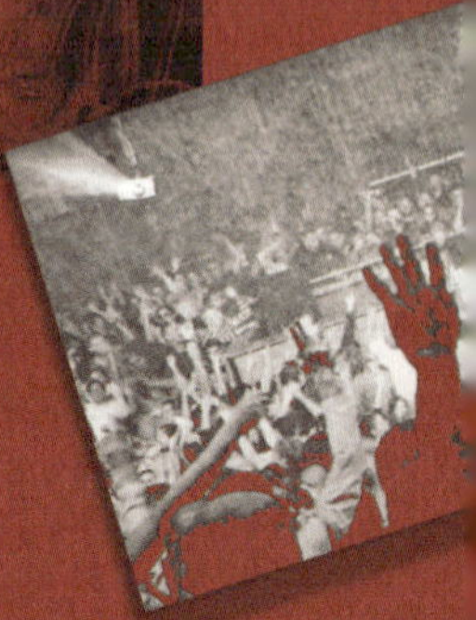

(15)

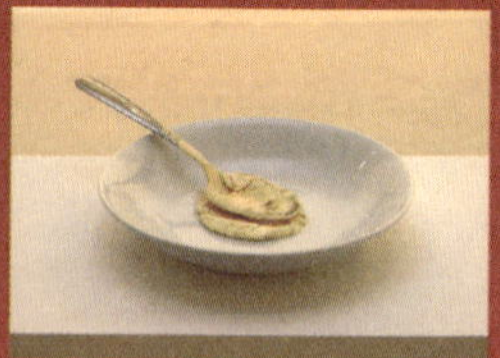

(14)

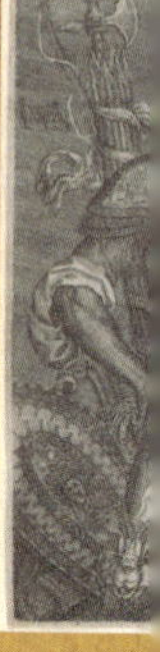

(21)

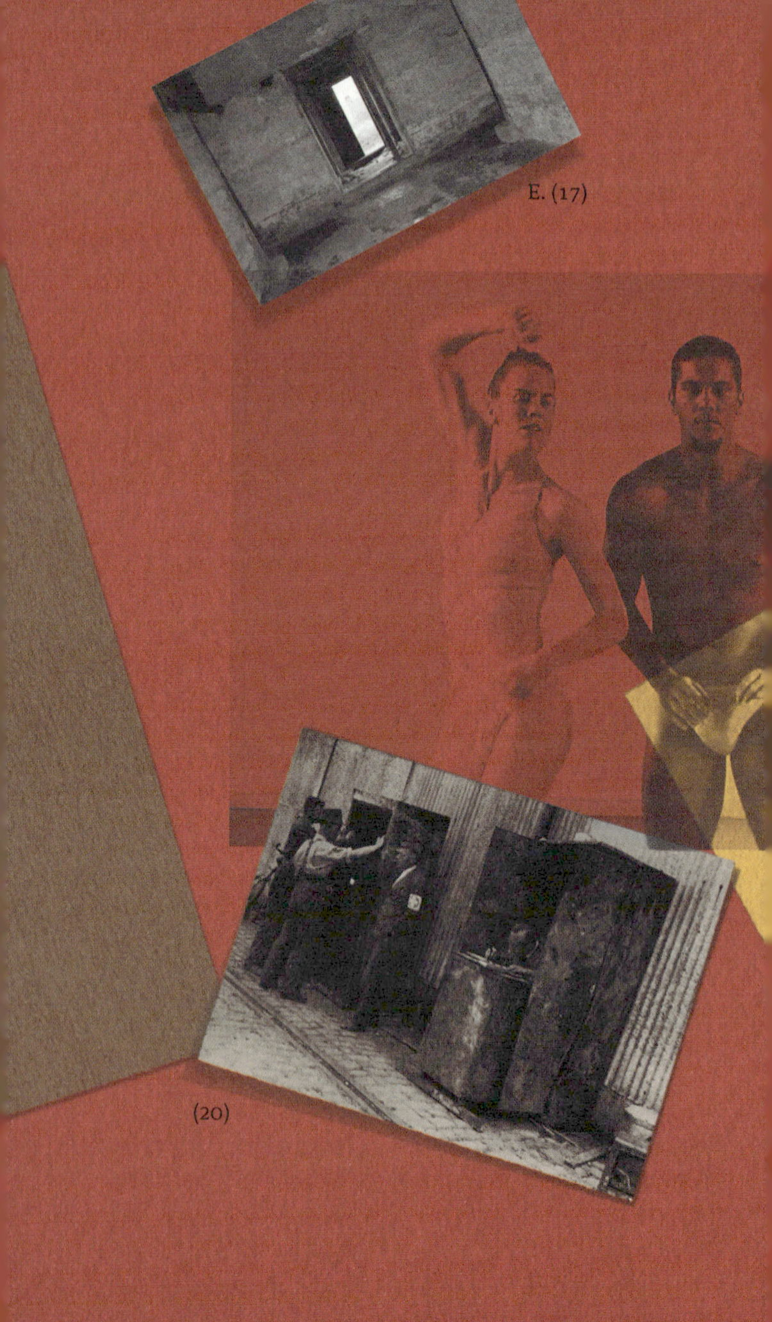
E. (17)
(20)

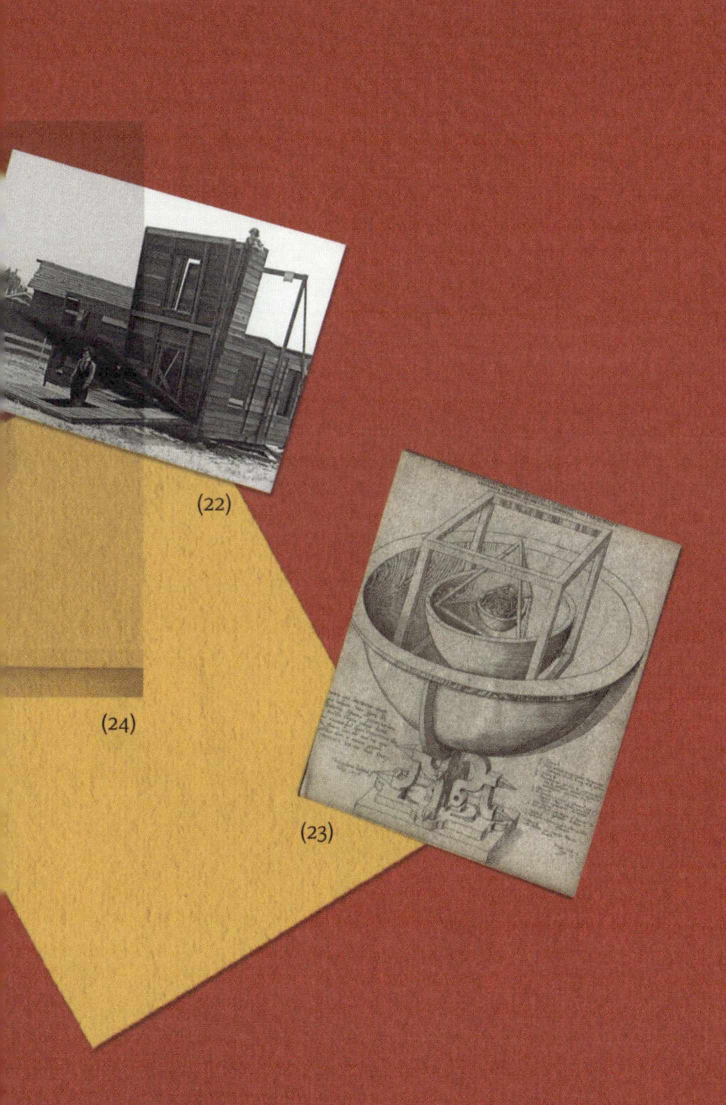

(22)

(24)

(23)

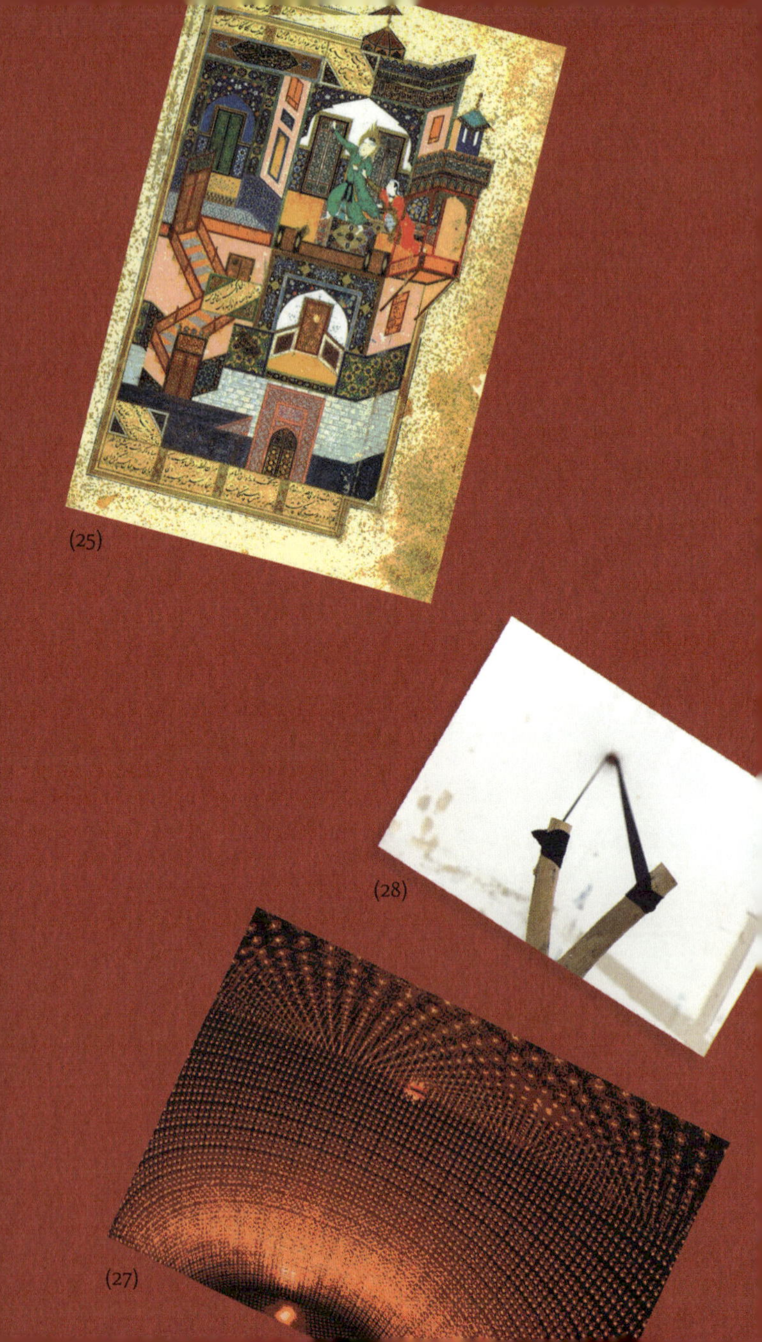

(25)

(28)

(27)

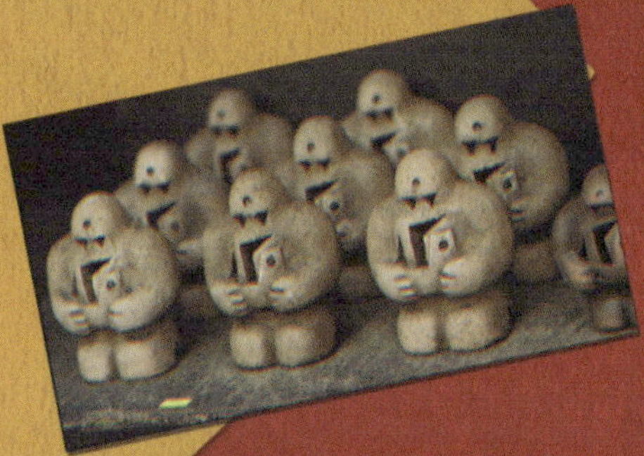

(29)

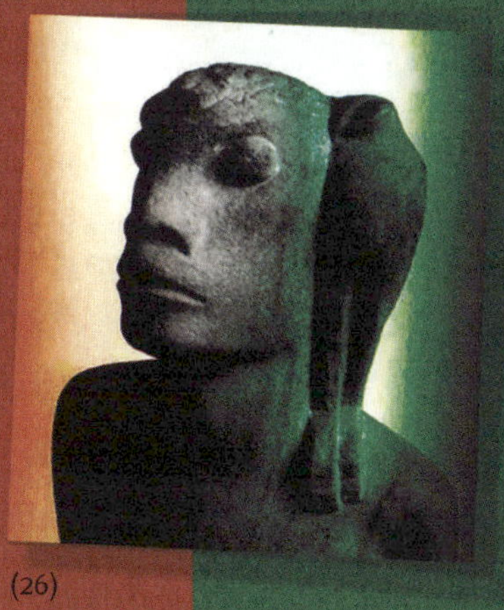

(26)

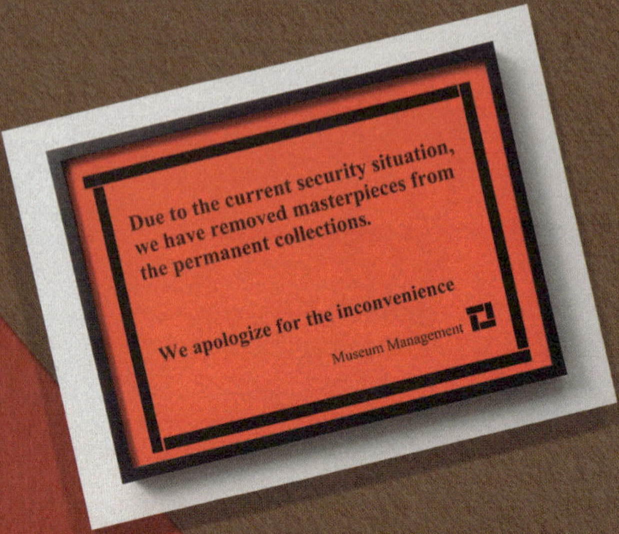

Due to the current security situation, we have removed masterpieces from the permanent collections.

We apologize for the inconvenience

Museum Management

A.

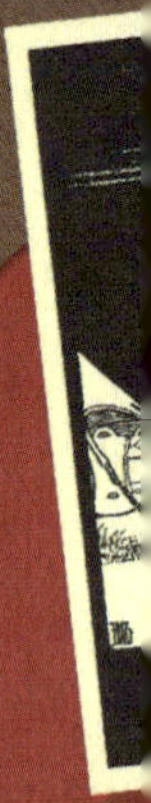

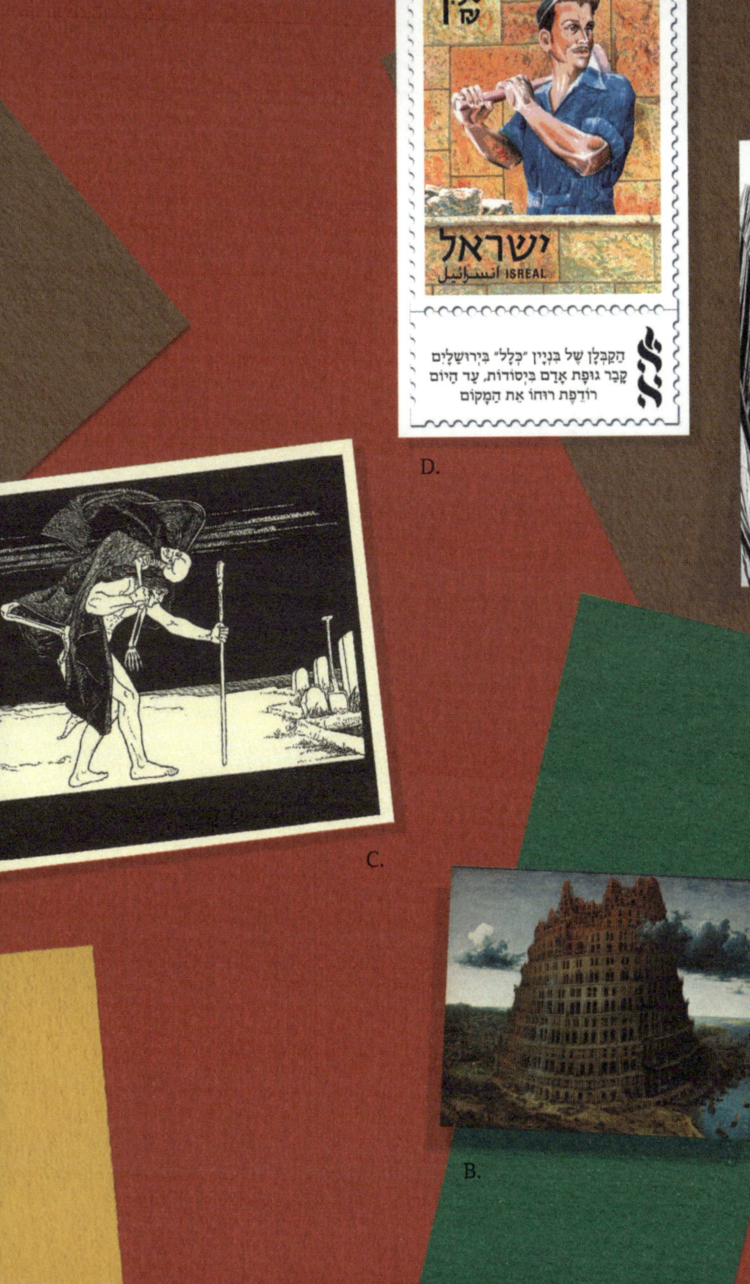
1.50 ש
ישראל
اسرائيل ISREAL
הַקַבְּלָן שֶׁל בִּנְיָין "כְּלָל" בִּירוּשָׁלַיִם
קָבַר גוּפַת אָדָם בִּיסוֹדוֹת, עַד הַיּוֹם
רוֹדֶפֶת רוּחוֹ אֶת הַמָּקוֹם

D.

C.

B.

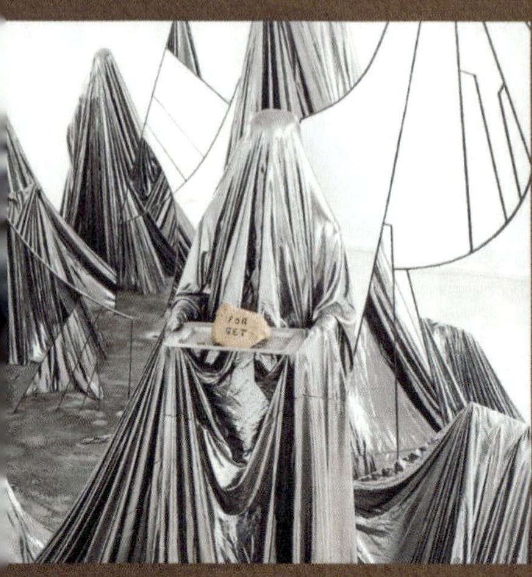

G.

F.

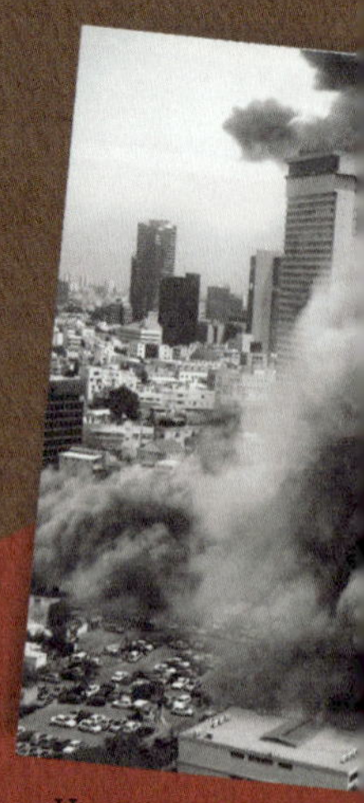

H.

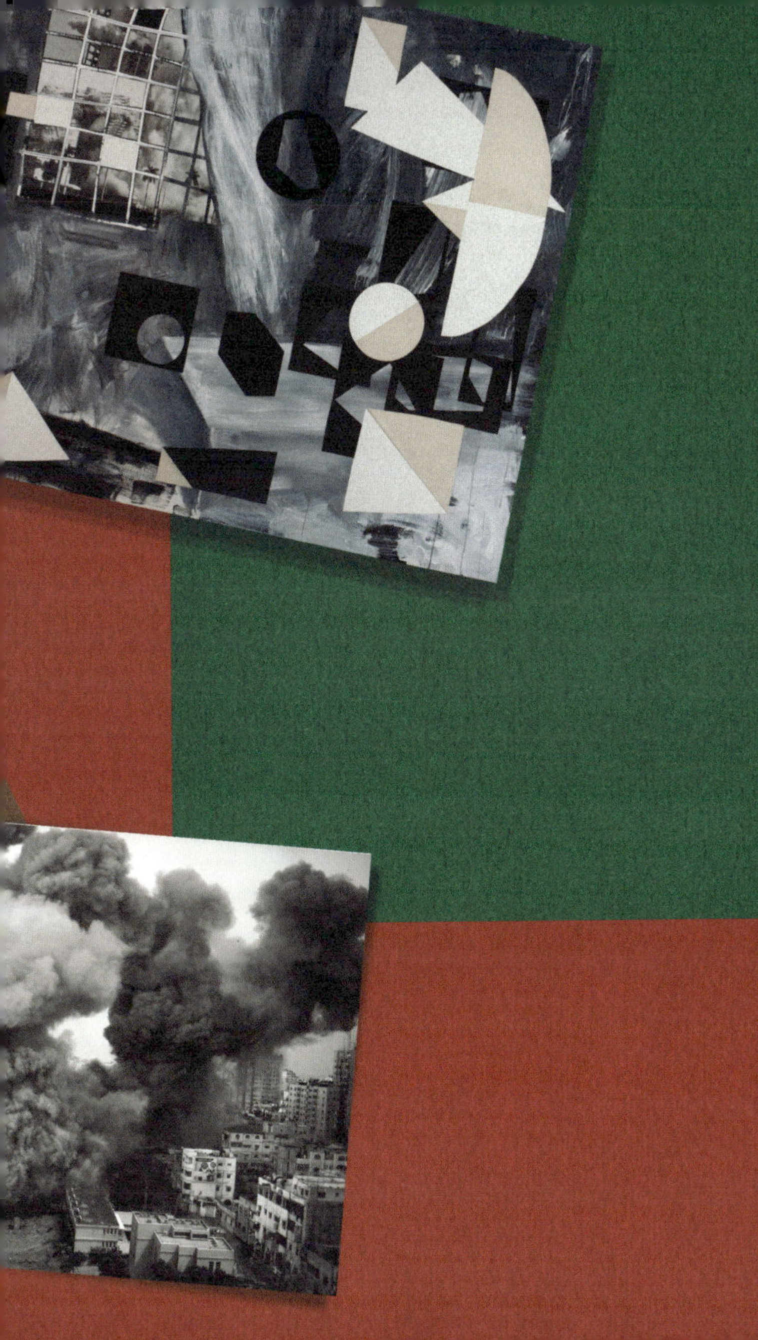

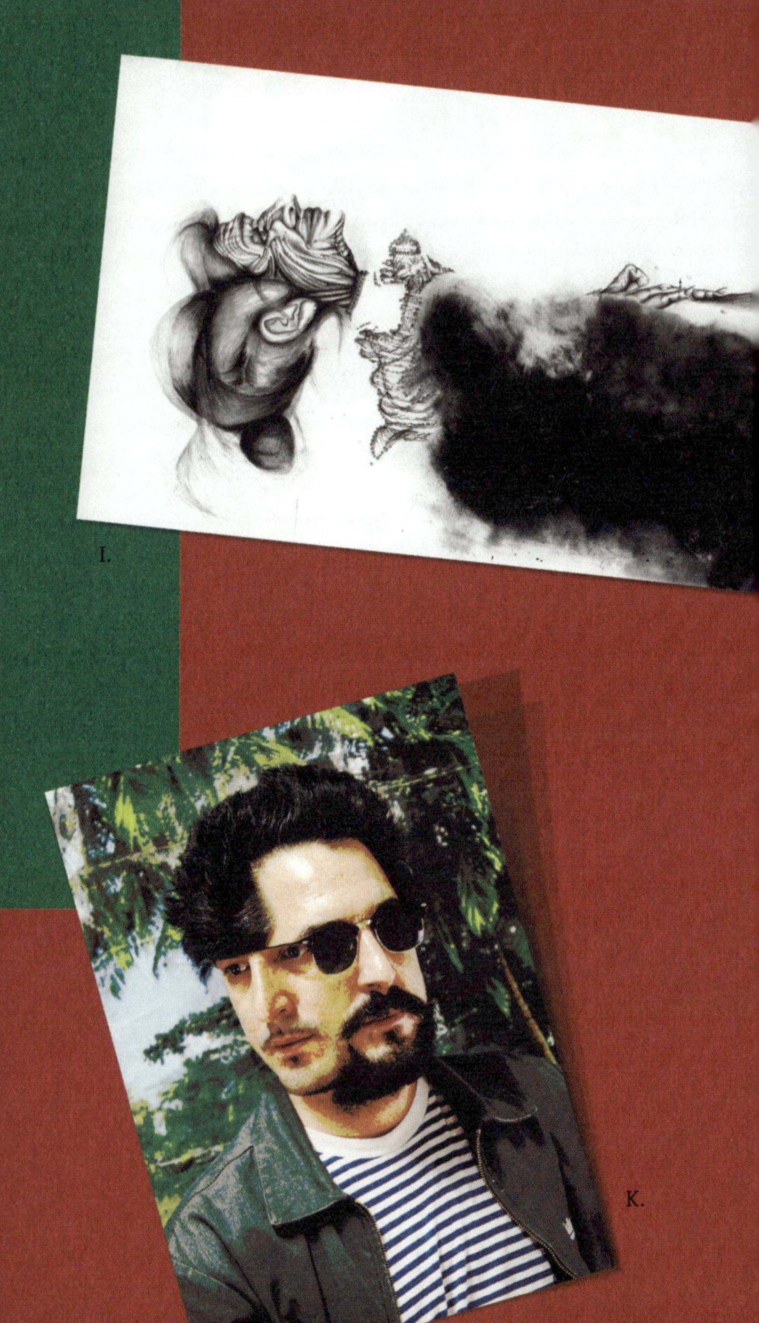

I.

K.

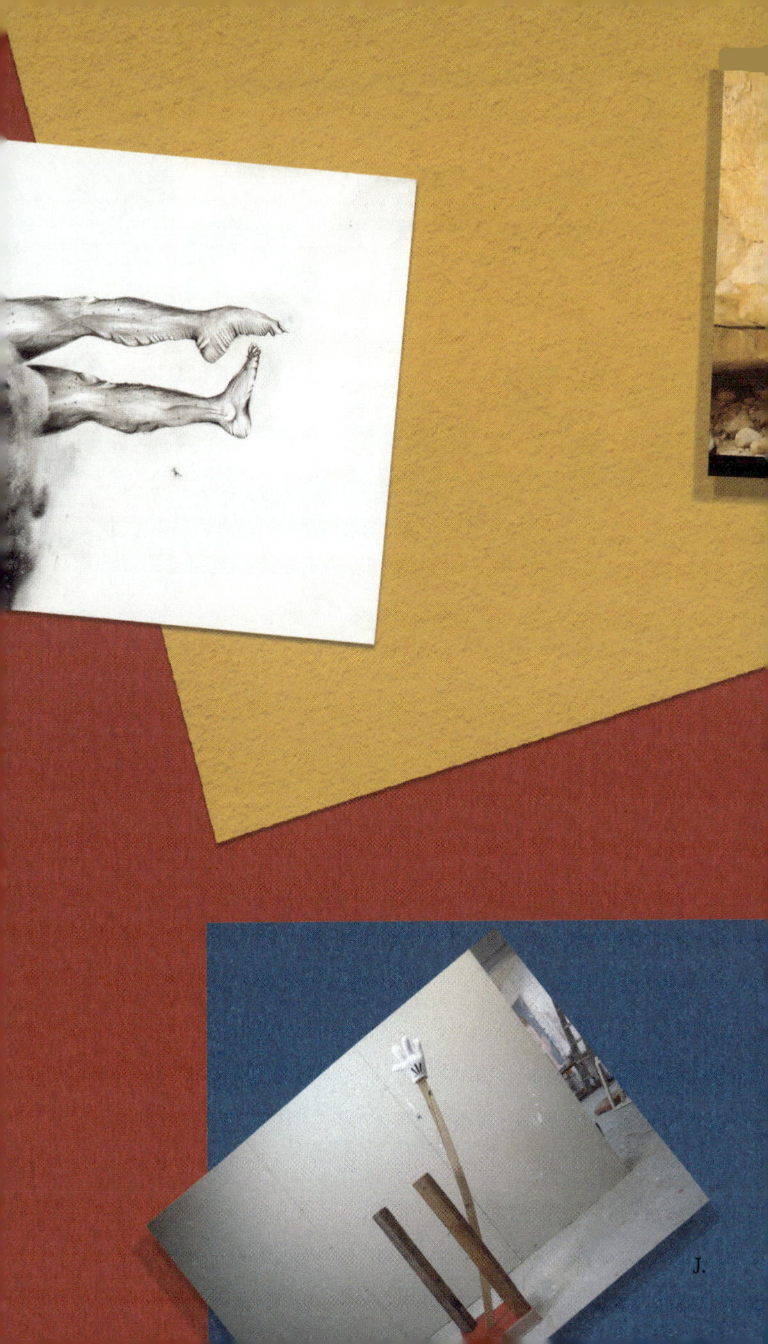
J.

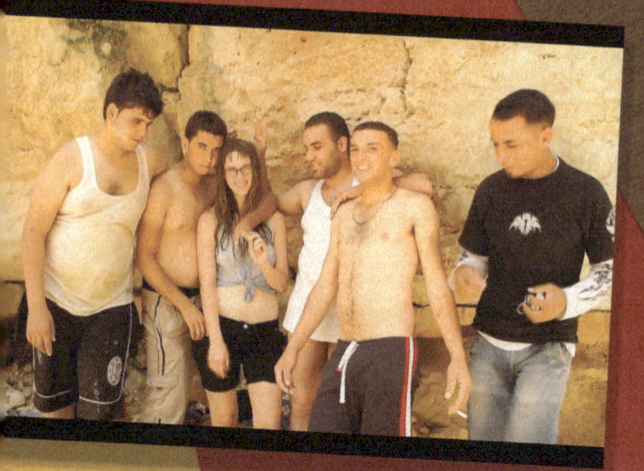

L.

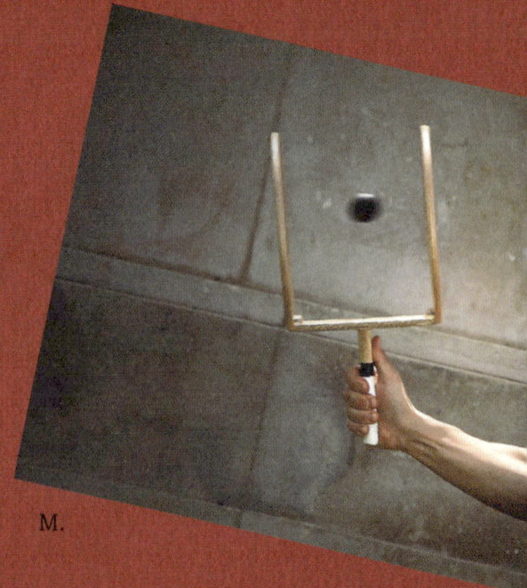

M.

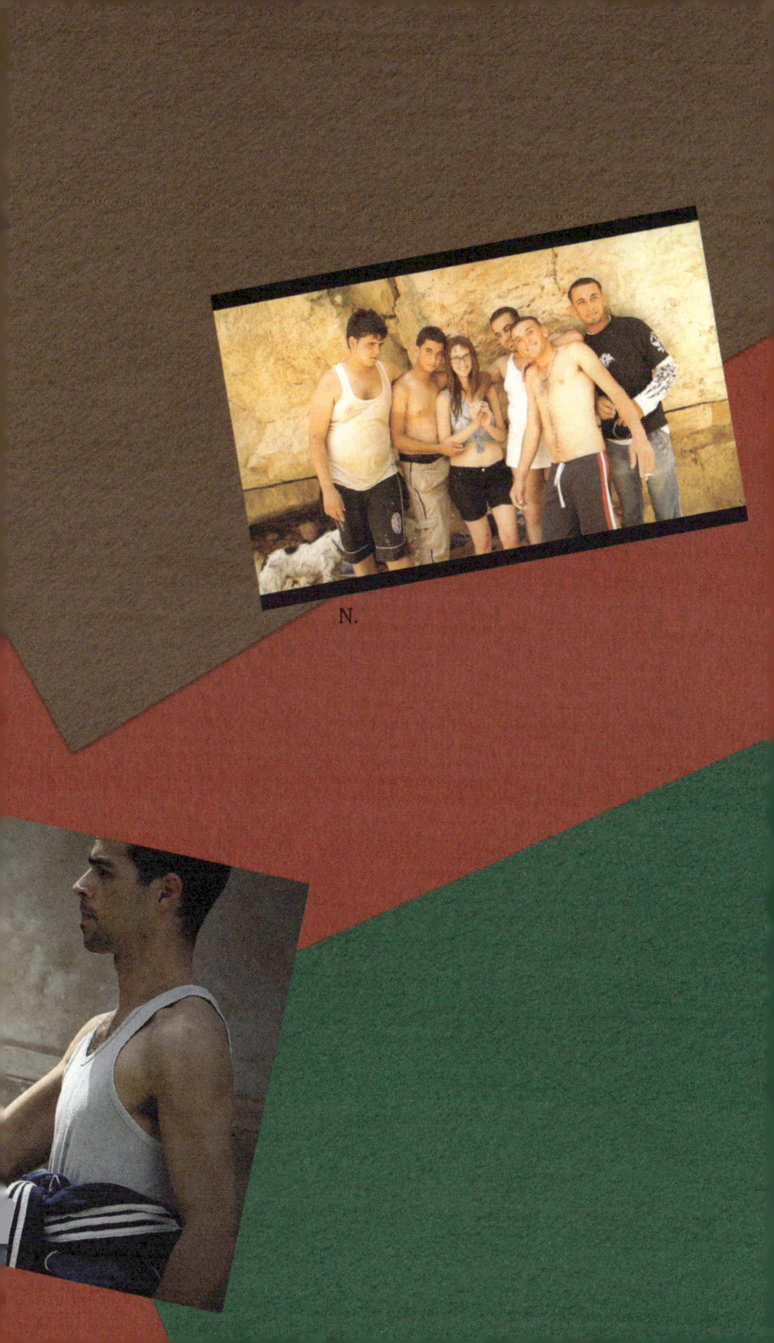

N.

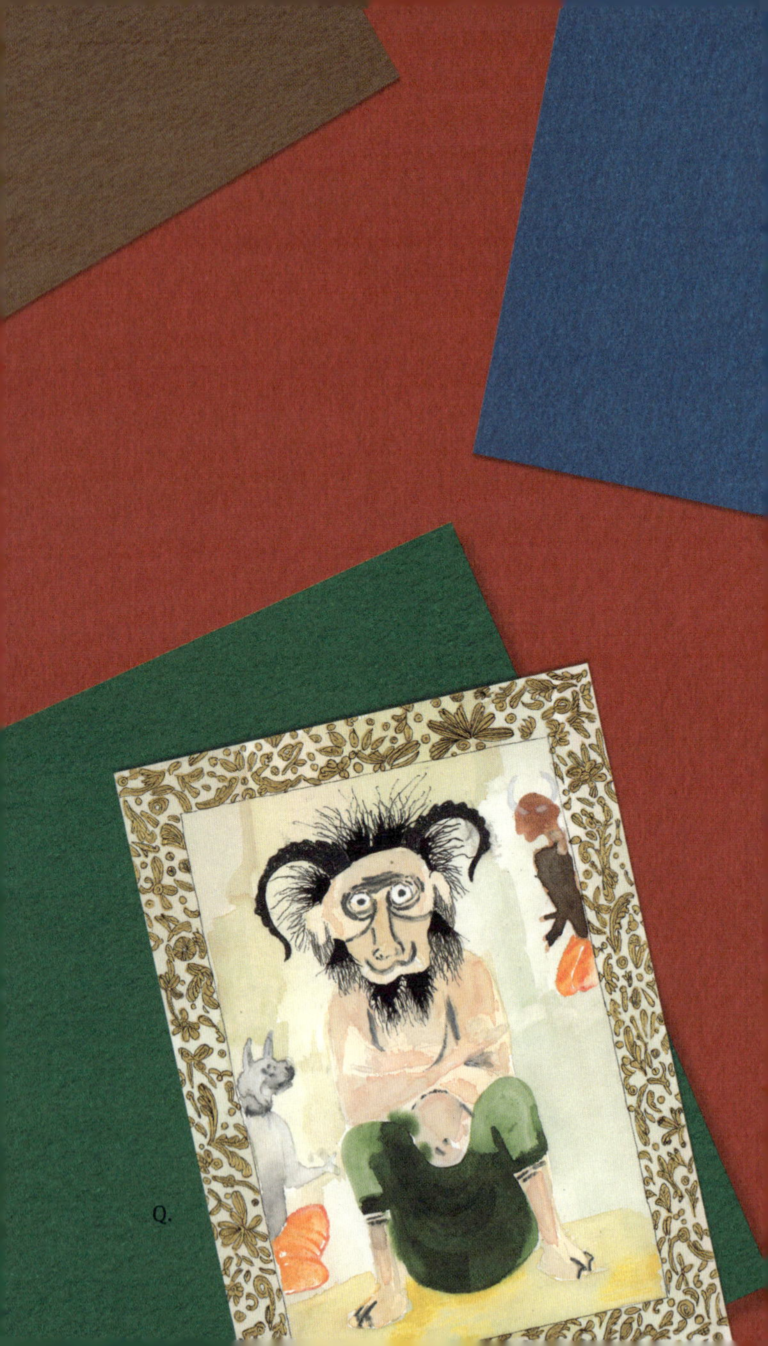
Q.

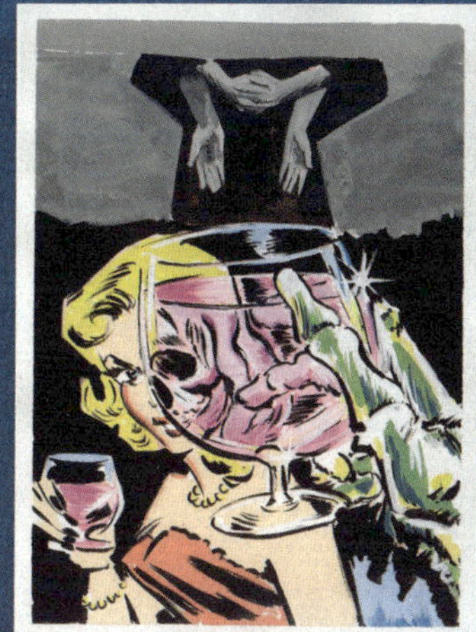

O.

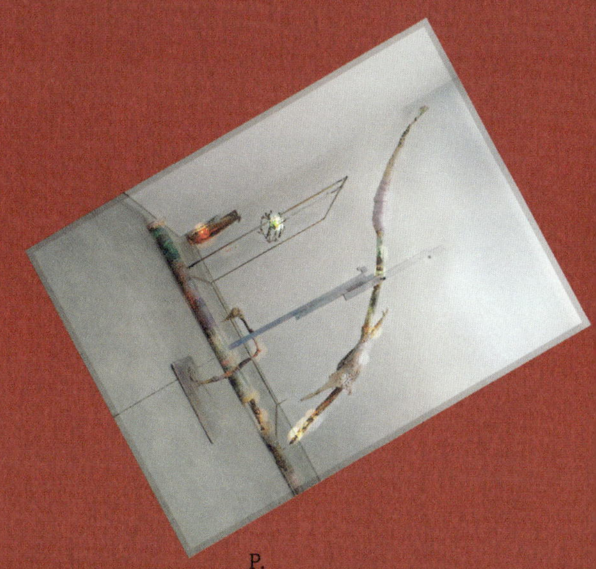

P.

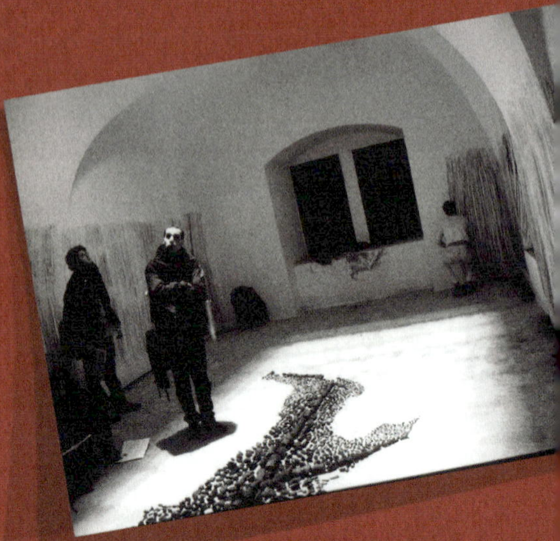

R.

T.

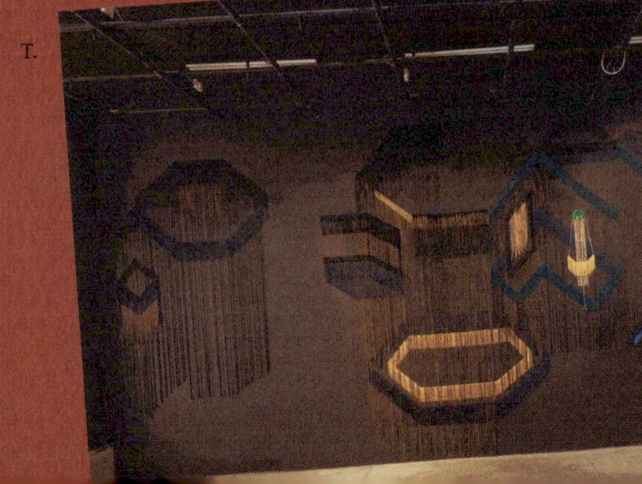

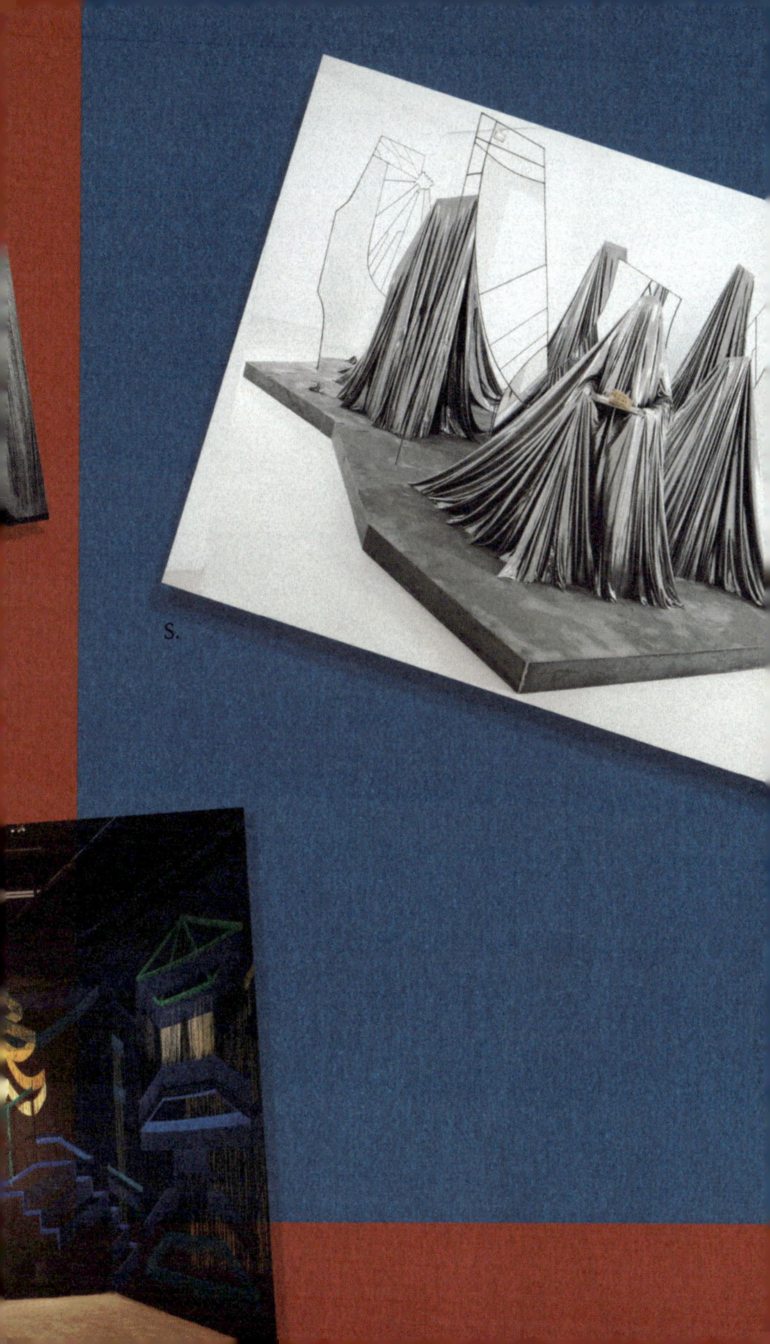

S.

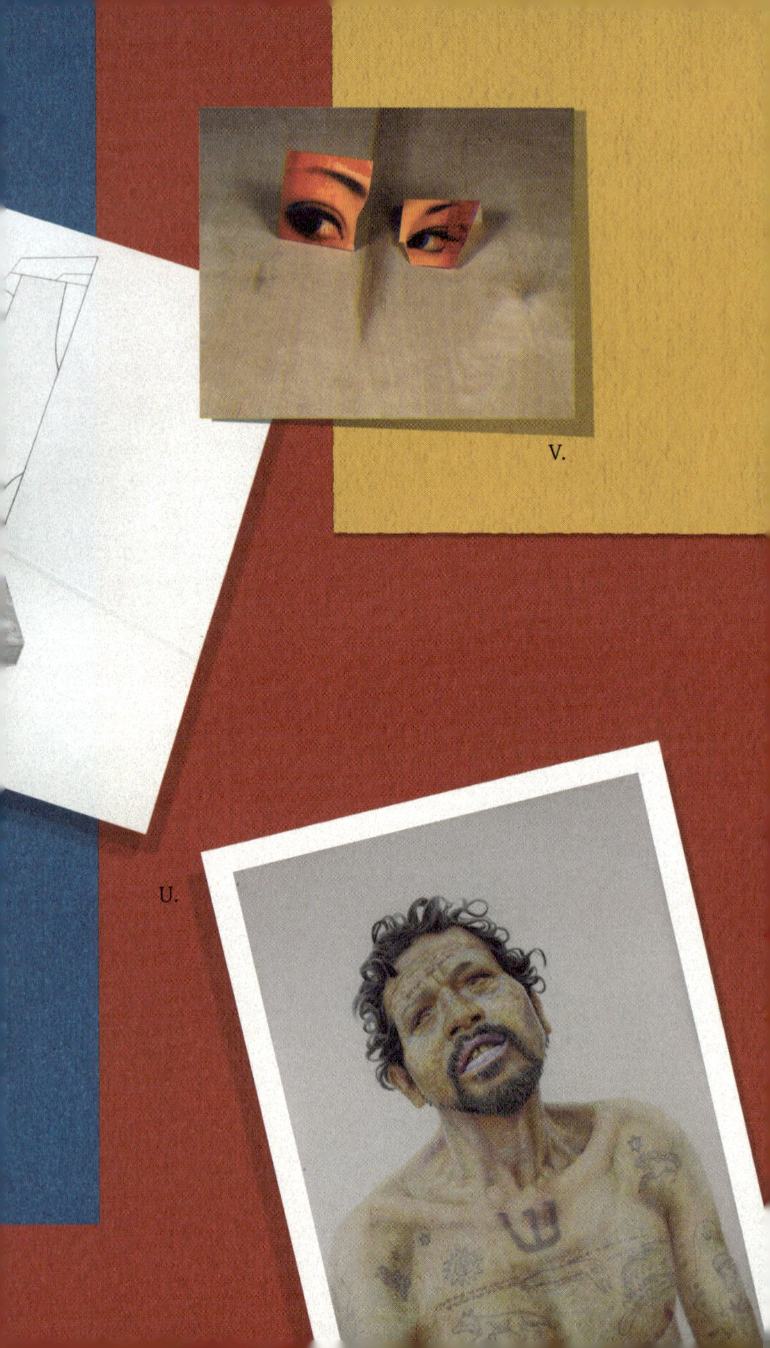
V.
U.

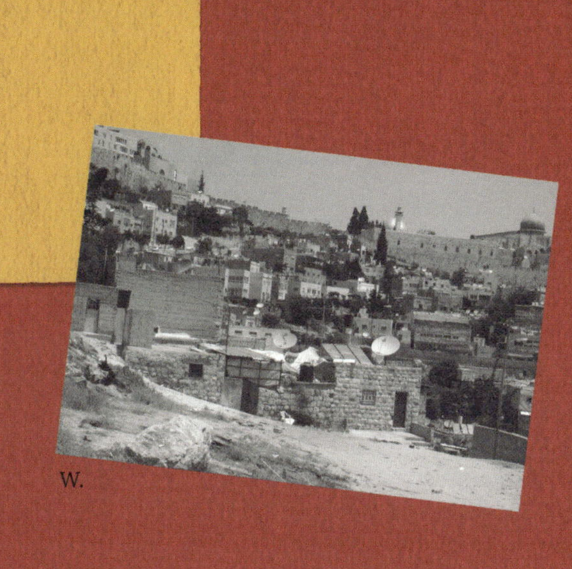
W.

X.
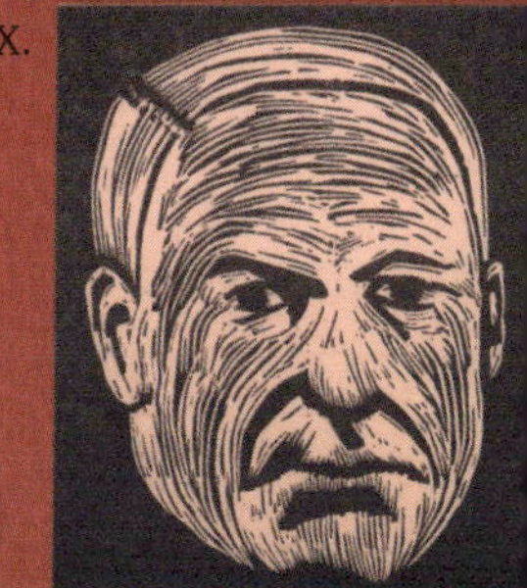

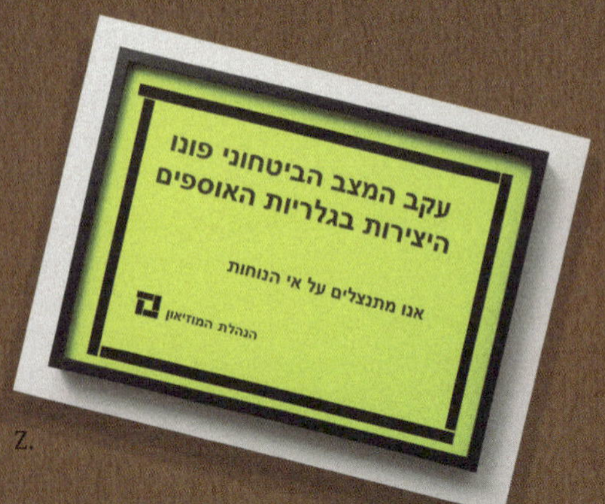
עקב המצב הביטחוני פונו
היצירות בגלריות האוספים
אנו מתנצלים על אי הנוחות
הנהלת המוזיאון

Z.

Y.

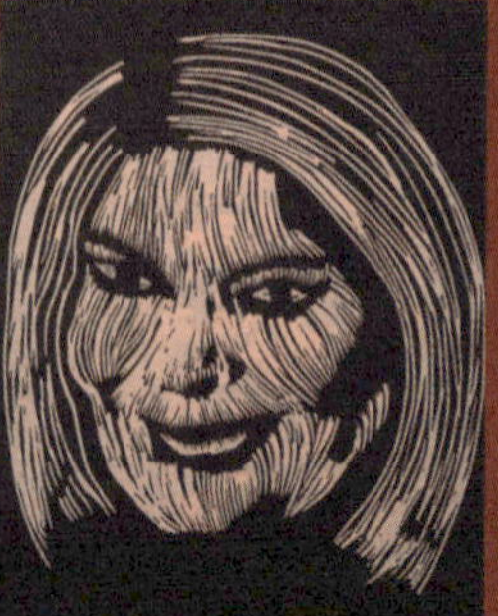

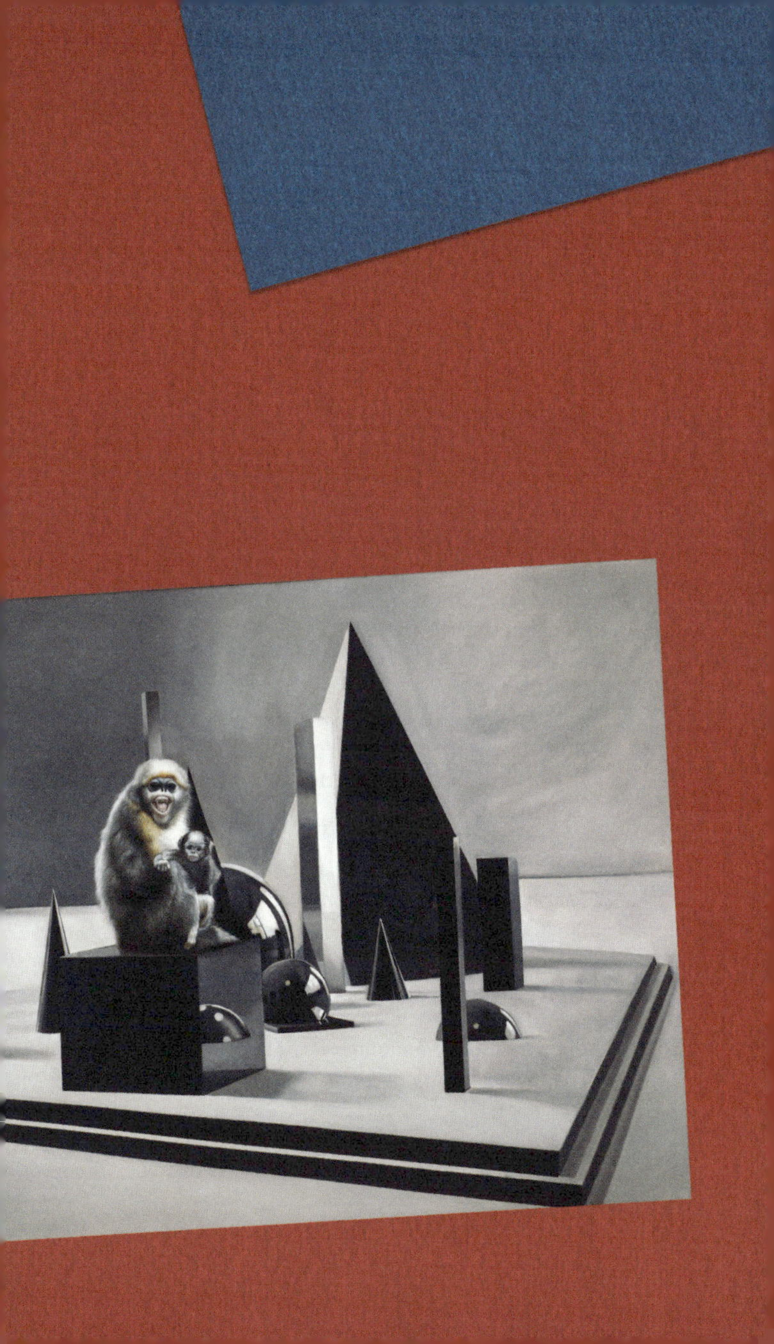

REFERENCES INDEX

(01) Axel Peterson, *Delta Bus* (2013), Archival pigment print, 120 × 80 cm

(02) Issachar Bar Ryback, *Milking Cow* (1916), Oil on paper, 28,25 × 38,5 cm

(03) *Bottling Machine*, Tnuva Museum (1940s)

(04) *There isn't anything better than Tnuva's milk for children* (1940s), Ephemera Collection, Courtesy of The National Library of Israel Eri Wallish Collection

(05) Hubert and Jan van Eyck, *Ghent Altarpiece*, (1432), Chapel Cathedral of Saint Bavo, Ghent, Belgium

(06) Ibid. (Detail)

(07) Matt Montini, *The Best Guess* (1987), Pallpoint pen, 21 × 29,7 cm, Courtesy of Matt Montinni Estate and Yonatan Vinitsky

(08) Tamir Lichtenberg, *Here & Now* (2012), Ready Made (Thermometer), 20,5 × 3,5 cm

(09) Tamir Lichtenberg, *Upper Lip, Bottom Lip* (2012), Felt pen on A4 paper

(10) Julius Bernhard von Rohr, *Office* (around 1710–1720) (The royal administration in 1719 in Prussia, a bureaucracy))

(11) Beit Hadar, Bauhaus building in Tel Aviv (today)

הפניות לאינדקס

(01) אלכס פיטרסון, אוטובוס דלתא, 2013, הדפס פיגמנט ארכיוני, 120 על 80 ס"מ

(02) יששכר בר ריבאק, פרה חולבת, 1916, שמן על נייר 28.25 על 38.5 ס"מ

(03) מכונת בקבוקים, מוזיאון תנובה, שנות ה-40

(04) אין כמו חלב תנובה לילדים, שנות ה-40, אוסף אפרמרה - באדיבות הספריה הלאומית של ישראל, אוסף ארי ווליש

(05) הוברט ויאן ואן אייק, עיטור מזבח, קתדרלת סנט באבו, גנט, בלגיה, 1432

(06) הוברט ויאן ואן אייק, פרט מתוך עיטור מזבח, קתדרלת סנט באבו, גנט, בלגיה, 1432

(07) מאט מוטיני, הניחוש הטוב ביותר, 1987, עט כדורי, 29.7×21 ס"מ - באדיבות עזבון מאט מוטיני ויונתן ויניצקי

(08) טמיר ליכטנברג, כאן ועכשיו, 2012 רדי מייד (מדחום), 3.5×20.5 ס"מ

(09) טמיר ליכטנברג, שפה עליונה, שפה תחתונה, 2012, טוש על דף *A4*

(10) יוליוס ברנהרד פון רוהר, משרד, סביב 1710-1720; (המנהל המלכותי ב-1719 בפרוסיה, בירוקרטיה)

(11) בית הדר: בניין באוהאוס בתל אביב, היום

(12) בית הדר: בניין באוהאוס בתל אביב, 1946

(13) פטריק גדס, רישום החיים, 1927

(14) אלי פטל, חומוס (כף), צלחת עם צבע שמן וכף, 2001-2003

(12) Beit Hadar, Bauhaus building in Tel Aviv (1946)

(13) Patrick Geddes, *The Notation of Life* (1927)

(14) Eli Petel, *Humus Spoon* (2001-2003), Plate with Oil Paint and Spoon

(15) Haoman 17

(16) *Matrix*, (1999), The Déjà Vu sequence of a cat passing by twice hints at a glitch in the matrix when 'they' change something

(17) Simcha Shirman, *Watchtower, Auschwitz-Birkenau,* (1998), Silver print, S.S. 470430-111216

(18) Cover from the Focomat Manual (1950s)

(19) Silver halides enlarged 10000 times via a microscope

(20) "Make do and mend! A civil servant, working in Radiostraat where scrap metals are collected, installed himself in a burnt steel cupboard. A burnt strong-box serves as a desk and an old iron as paperweight." De NV Polygoon collectie WO II, Rotterdam (1940), Rijksmuseum, Object number NG-2006-49-26

(21) Niccolò della Casa, *Portrait of Cosimo de Medici in full armor, his left hand resting on a staff* (1544), Engraving, 43,5 × 30,5 cm, Metropolitan Museum of Art

(22) Frame from the famous falling house stunt executed by Buster Keaton in the film *Steamboat Bill, Jr.* (1928)

(23) Kepler's Platonic solid model of the Solar System from Mysterium Cosmographicum

(15) האומן 17

(16) מטריקס, רצף הדז'ה וו של חתול שחוצה את הפריים פעמיים מראה על תקלה במטריקס כאשר "הם" משנים משהו.1999

(17) *The Vision of Division*, אסף שחם, הדפסי זירוקס 2014, נייר כימי 80 גרם בצבע ירוק, צהוב, כתום, ורוד, אדום. מסגרת בהתאמה אישית, עץ מכוסה בגרפיט 43.5×32 ס"מ

(18) כריכה מדריך לפוקומט, שנות ה-50

(19) הלידי כסף מוגדלים 10000 פעמים באמצעות מיקרוסקופ

(20) *Make do and mend! A civil servant, working in Radiostraat where scrap metals are collected, installed himself in a burnt steel cupboard. A burnt strong-box serves as a desk and an old iron as paperweight.* Image: De NV Polygoon collectie WO II, Rotterdam 1940. Image: Rijksmuseum, object .number: *NG-2006-49-26*

(21) ניקולו דלה קאזה, דיוקן של קוזימו דה מדיצ'י בשריון מלא, ידו השמאלית נשענת על מוט, 1544 - מוזיאון מטרופוליטן לאמנות, חריטה, 43.5×30.5 ס"מ

(22) פריים לקוח מסצנת הפעלול המפורסם של באסטר קיטון בסירטו *Steamboat Bill , Jr*,משנת 1928.

(23) המודל הסולידי האפלטוני של קפלר של מערכת השמש מ-*Mysterium Cosmographicum*

(24) אוהד פישוף, עוד שיר אחד,וידאו לופ, 2008

(25) *Kamāl ud-Dīn Behzād*, יוסף וזולייחה, 1488

(26) יצחק דנציגר, נמרוד, 1939

(24) Ohad Fishof, *One More Song* (2008), Video Loop

(25) Kamāl ud-Dīn Behzād, *Yusef and Zuleykha* (1488))

(26) Itzhak Danziger, *Nimrod* (1939)

(27) The Super Kamiokande. A neutrino observatory located under Mount Ikeno near the city of Hida, Gifu Prefecture, Japan. It is located 1,000 m (3,300 ft) underground in the Mozumi Mine in Hida's Kamioka area. The observatory was designed to detect high-energy neutrinos to search for proton decay, study solar and atmospheric neutrinos, and keep watch for supernovae in the Milky Way Galaxy

(28) Eran Nave, *Untitled* (2013), Mixed media, Variable dimensions

(29) Enrico Flick, Golem. In the Middle Ages, scholars studied the text of Sefer Yezirah, which contains instructions on how to make a golem. Most understandings of the directions involve using soil or clay to shape it, and then use God's name to bring it to life. Some sources say one needs to write the word emet ("truth") on the forehead and the golem becomes alive. Erase the first letter and you are left with met, or "death".

(27) ה"סופר קמיוקאנדה": מצפה חלקיקי נייטרינו הממוקם מתחת להר איקנו בסמוך לעיר הידא, במחוז גיפו ביפאן. הוא שוכן כאלף מ' מתחת לפני האדמה במכרה מוזומי באזור קמיוקה בהידה. המצפה נועד לזהות חלקיקי נייטרינו עתירי אנרגיה כדי לעקוב אחר התפ־רקות פרוטונים, לחקור חלקיקי נייטרינו סולריים ואטמוספריים ולזהות התפרצויות סופר-נובה בגלקסיית שביל החלב.

(28) ערן נווה, ללא כותרת, 2013, מדיה מעורבת, מידות משתנות

(29) גולם, אנריקו/פליקר - בימי הביניים, חקרו מלומדים את הטקסט של ספר היצירה, ובו הוראות ליצירת גולם. רוב הפרשנויות של הטקסט גורסות שיש להשתמש באדמה או בחמר כדי לעצב את צורתו ואחר כך להשתמש בשם האלהים כדי להפיח בו רוח חיים. לפי כמה מקורות יש לכתוב את המלה "אמת" על מצחו, ואז הוא יתעורר לחיים. אם תימחק הא', תיוותר המלה "מת".

ARTWORKS INDEX

A. Assaf Shaham, *The Vision of Division* (2014), Xerox prints, chemical paper 80g in green, yellow, orange, pink, red. Custom made frame, wood covered in graphite, 43.5 × 32 cm

B. Pieter Bruegel the Elder, *The Tower of Babel* (1563)

C. Ephraim Moses Lilien, *Dybbuk, Book of Job*, in Die Bucher Der Bibel (1908)

D. Ido Michaeli, *Urban Legends*, Fabricated stamp (2005), "A deadly scorpion stung a bride the morning of her wedding day, so she did not make it to the ceremony"

E. Simcha Shirman, *Watchtower, Auschwitz-Birkenau*, (1998), Silver print, S.S. 470430-111216

F. Michal Helfman, *Forgive and Forget* (2013), Mixed media, Variable dimensions, installation shots by Michal Helfman: Shaxaf Haber

G. Guy Avital, *Curtain* (2013), Acrylic and collage on canvas, 190 × 221 cm

H. Boaz Aharonovitch, *Recycling* (2015)

I. Roey Victoria Hefetz, *Untitled* (2010), Mixed media on paper, 148 × 300 cm

J. Haran Mendel, *Waving Goodbye* (2011)

K. Sharon Fadida, *Working on a Computer* (2013-2017), Self-Portrait

אינדקס יצירות אמנות

A. אסף שחם, *The Vision of Division*, הדפסי זירוקס 2014, נייר כימי 80 גרם בצבע ירוק, צהוב, כתום, ורוד, אדום. מסגרת בהתאמה אישית, עץ מכוסה בגרפיט 32×43.5 ס"מ

B. פיטר ברויגל האב, מגדל בבל, 1563

C. אפרים משה ליליין, "דיבוק, ספר איוב", מתוך ספרי המקרא, 1908

D. עידו מיכאלי, אגדות אורבניות, 2005, בול מזויף

E. שמחה שירמן, מגדל שמירה, אושוויץ-בירקנאו, -S. S. 470430 111216, 1998, הדפס כסף.

F. מיכל הלפמן, לסלוח ולשכוח, 2013, מדיה מעורבת, מידות משתנות

G. גיא אביטל, וילון, 2013, אקריליק וקולאז 'על בד, 221×190 ס"מ

H. בועז אהרונוביץ', מחזור, 2015

I. רועי ויקטוריה חפץ, ללא כותרת, 2010, מדיה מעורבת על נייר, 150 ×300 ס"מ

J. הרן מנדל, פרידה לשלום, 2011

K. שרון פדידה, עבודה על מחשב, דיוקן עצמי, 2013-17, קובץ psd

L. ירון אתר, ורד יריחו, ילדים מיריחו בתמונה קבוצתית עם ורד מתל אביב, צולם בוואדי קלט, 2010, חד ערוצי, 2 דק'

M. נמרוד גרשוני, מטקקה, 2009, וידאו חד ערוצי, לופ

N. ירון אתר, ורד יריחו, ילדים מיריחו בתמונה קבוצתית עם ורד מתל אביב, צולם בוואדי קלט, 2010, חד ערוצי, 2 דק'

L. Yaron Attar, *Vered Jericho* (2010), One chanel video 2 min, Boys from Jericho in a group photo with Vered from Tel-Aviv, shot in Wadi Qelt

M. Nimrod Gershoni, *Matkaka* (2009), One chanel video loop

N. Yaron Attar, *Vered Jericho* (2010), One chanel video 2 min, Boys from Jericho in a group photo with Vered from Tel-Aviv, shot in Wadi Qelt

O. Elad Larom, *Cheers* (2016), Gouache on paper, 40 × 31 cm

P. Eitan Ben Moshe, *Jericho Moon* (detail) (2010), Mixed media, Variable dimensions

Q. Elham Rokni, *Iblis* (2017), Mixed media on paper, 30 × 21cm

R. Jonathan Touitou, *How to unmake a wall that spirits cannot go through ?* (2003), Performance, coal, contact microphone and sound system, Variable dimensions

S. Michal Helfman, *Forgive and Forget* (2013), Mixed media, Variable dimensions

T. Esther Schneider, *Hands Up* (2020), After Yusuf and Zulaikha (Joseph pursued by Potiphar's wife), a miniature by Behzād (1488), Threads on wall, Variable dimensions

U. Ruven Kuperman, *Samson* (2019), Color pencils on paper, 151 × 110 cm

V. Dror Daum, *Untitled #17 (At the Pick-Up)* (2014), Archival pigment print, 44,25 × 55 cm

W. Jonathan Touitou, *Untitled (Look at the West from the East)*

O. אלעד לרום, לחיים, 2016, גואש על נייר, 40×31 ס"מ

P. איתן בן משה, ירח יריחו (פרט), 2010, מדיה מעורבת, מידות משתנות

Q. אלהם רוקני, איבליס, 2019, מדיה מעורבת, 30×21 ס"מ

R. יונתן טואיטו, כיצד לפרק את החומה דרכה רוח לא יכולה לעבור? 2003, ביצועים, פחם,על קיר, מיקרופון מגע ומערכת סאונד, מידות משתנה.

S. מיכל הלפמן, לסלוח ולשכוח, 2013, מדיה מעורבת, מידות משתנות

T. אסתר שניידר, ידיים למעלה, בעקבות יוסף וזולאיחה (יוסף נרדף על ידי אשת פוטיפר), מיניאטורה של בהזאד 1488, 2020, חותים עלקיר, מידות משתנות

U. ראובן קופרמן, שמשון, עפרונות צבע על נייר, 151 × 110 ס"מ, 2019

V. דרור דאום, ללא כותרת #17 (בפיק-אפ), 2014, הדפס פיגמנט ארכיוני, 44,25 × 55 ס"מ

W. יונתן טואיטו, ללא כותרת (מבט למערב ממזרח), 2000, קובץ jpeg תמונ רקע למסך מחשב, מידות משתנות

X.

Y. שחר פרדי כסלו, קוף על קוביה, 2010-2013, שמן על בד, מסגרת עץ, 180×120 ס"מ (ביצוע: שן שיאנג וו)

Z. *The Vision of Division*, אסף שחם, הדפסי זירוקס 2014, נייר כימי 80 גרם בצבע ירוק, צהוב, כתום, ורוד, אדום. מסגרת בהתאמה אישית, עץ מכוסה בגרפיט 43.5 × 32 ס"מ

(2000), jpeg file for desktop background, Variable dimensions

X. Yossi Assuline, *All Over* (2015), Lino block print on pink paper, 12 × 15,5 cm

Y. Shahar Freddy Kislev, *Monkey on a cube* (2010-2013), Oil on canvas, wood frame, 180 × 120 cm, (Executed by Chen Xiang Wu)

Z. Assaf Shaham, The Vision of Division (2014), Xerox prints, chemical paper 80g in green, yellow, orange, pink, red. Custom made frame, wood covered in graphite, 43,5 × 32 cm

ENDNOTES

1 Coprolalia is the medical term used to describe one of the most puzzling and socially stigmatizing symptoms of the Tourette Syndrome—the involuntary outburst of obscene words or socially inappropriate and derogatory remarks. Tourette Association of America website.

2 Ibn Khaldun, Al-Muqaddima ("Introduction"), trans. Franz Rosenthal, Princeton University Press, 218. https://archive.org/stream/ibn-khaldun/ibn-khaldun_djvu.txt

3 Louis Althusser, Portrait of a Materialist Philosopher (trans. A. Bove) 1986

4 Edward W. Said, Orientalism, New York: Vintage Books, 1979, p. 259.

5 Yield in Hebrew. It is also the name of what was for its first seventy years an Israeli food processing cooperative (co-op) owned by the kibbutzim (collective farms) and moshavim (agricultural communities), and historically specializing in milk and dairy products; it was subsequently sold by its members as a limited company and, since 2014, has been controlled by a Chinese state company, Bright Food.

6 The modern concept of globalization arose in the postwar debates in the United States. In their position of unprecedented power, US planners formulated policies to shape the kind of postwar world they wanted, which, in economic terms, meant a globe-spanning capitalist order centered exclusively upon

הערות סיום

1 התפרצויות בלתי-נשלטות של קללות או ביטוים :(co) קופרולליה גסים והערות מעליבות. זהו אחד התסמינים החריגים של תסמונת טורט, אשר מהווה עפ"י אתר "ההתאחדות האמריקאית למתמודדים עם תסמונת טורט" גורם משמעותי לסטיגמה בקרב המתמודדים עמה.

2 מתוך אבן-ח'לדון, אל-מֻקַדִּמַה ("אקדמות למדע ההיסטוריה"), בתרגומו החופשי של עמי אשר על העריכה.

3 דיוקן של פילוסוף מטריאליסט, לואי אלתוסר, 1986.

4 אדוארד סעיד ,אוריינטליזם (1978), תרגמה עתליה זילבר, הוצאת עם עובד, 2000

5 המושג המודרני של גלובליזציה עלה מתוך דיונים שהתקיימו בארה"ב לאחר מלחמת העולם השנייה. מתוך עמדה של עוצמה חסרת תקדים, גיבשו המתכננים בארה"ב מדיניות שתעצב את העולם הבתר-מלחמתי כראות עיניהם. מבחינה כלכלית, פירוש הדבר היה סדר קפיטליסטי חובק עולם שמרכזו הבלעדי בארה"ב. זה היה העידן שבו הגיעה עוצמתה הגלובלית של ארה"ב לשיאה: היא הייתה המעצמה הכלכלית החזקה ביותר שראה העולם אי-פעם, עם המכונה הצבאית הכבירה ביותר בהיסטוריה.

6 Carlo Ginzburg, Clues, Myths, and the Historical Method (trans. Ami Asher)

7 Guillaume-Benjamin-Amand Duchenne de Boulogne מחלוצי הצילום הקליני, פיתח שיטה לצילום פושעים ,(1806-1875).

8 שרה ברייטברג-סמל, דלות החומר כאיכות באמנות הישראלית, מוזיאון תל אביב, 1986,עמ' 12.

9 הקריירה המדעית הארוכה של יורי לוטמן לקחה אותו מניתוחים

the United States. This was the period when US global power was at its peak: the country was the greatest economic power the world had ever known, with the greatest military machine in human history.

7 Carlo Ginzburg, Clues, Myths, and the Historical Method (trans. John and Anne C. Tedeschi), Baltimore: Johns Hopkins University Press, 1989, p. 94

8 Guillaume-Benjamin-Amand Duchenne de Boulogne (1806-1875). A pioneer of clinical photography, developed a method of photographic documentation of criminals.

9 Sarah Breitberg Semel, The Want of Matter: A Quality in Israeli Art, Tel Aviv Museum, 1986, p. 12

10 Juri Lotman's long scientific career took him from structural analyses of artistic texts through typologies of culture to the study of the unpredictable, explosive dynamics of cultural change, all supported by a wealth of analyses of literature, film, 19th-century Russian culture and history, and many other topics.

11 Soviet Semiotics, An Anthology, The john Hopkins University Press, Baltimore & London, The Structure of the Narrative text, p 195

12 International Contemporary Art Fair taking place in Paris every year.

13 Edward Said, Orientalism, 283.

14 Haoman 17 was the first club in Israel to feature internationally renowned DJs and place Israel on the map of electronic music.

מבניים של טקסטים אמנותיים דרך טיפולוגיות של התרבות אל חקר הדינמיקה הבלתי צפויה והנפיצה של שינוי תרבותי, וכולם נשענו על שפע ניתוחים של ספרות, קולנוע, תרבות והיסטוריה של רוסיה במאה ה-19 ונושאים רבים אחרים.

10 היריד הבינלאומי לאמנות עכשווית המתקיים כל שנה בפריז.

11 אוריינטליזם (1978), תרגמה עתליה זילבר, הוצאת עם עובד, 2000.

12 מריה לוגונס, "אסטרטגיות טקטיות של הסטריט ווקר", בעלייה לרגל: קואליציה תיאורטית נגד דיכוי מרובה. לנהאם, MD: Rowman & Littlefield, 2003, 207..

13 יליד אמריקה - berdache: המילון מריאם-וובסטר מגדיר זאת כך שמאמץ את הלבוש, המעמד החברתי והתפקיד של המין השני. bardache המונח מקורו מצרפתית אמריקאית, במקור מצרפתית מערבית, bardascio, מניב של דרום איטליה, catamite "בארדאג'" או עבד, מפרסית "בארדאג" או אסיר, מפרסית אמצעית "וארטאק".

14 זיגמונט באומן, מודרניות ושואה (קיימברידג': פוליטי פרס, 1989), עמ' 18.

15 מלול הקליט את המקהלה הצפויה הזו וישמיע אותה ללא הפסקה למשך חודש.

16 אנאיקוניזם - "לא תעשה לך פסל וכל תמונה" - העדר ייצוגים חומריים של העולם הטבעי והעל-טבעי בתרבויות שונות, בפרט בדתות ההתגלות המונותאיסטיות. האיסור יכול לחול בדרגות חומרה שונות, החל באלוהים, עבור לקדושים, לכל בני האדם, וכלה בכל אשר קיים.

17 ליסה ג'רדין וג'רי ברוטון, תחומי עניין עולמיים: אמנות רנסנס בין מזרח למערב (לונדון: Reaktion Books), n.p.

18 גילוי מערת לאסקו המונומנטלית ב-1940 [על ציוריה בני "19,000

15 Maria Lugones, “Tactical Strategies of the Streetwalker”, in Pilgrimages: Theorizing Coalition against Multiple Oppressions. Lanham, MD: Rowman & Littlefield, 2003, 207.

16 Merriam-Webster defines it as “an American Indian who assumes the dress, social status, and role of the opposite sex”. Note the labyrinthine etymology of the term: American French, alteration of French bardache catamite, from Italian dialect (southern Italy) bardascio, from Arabic bardaj slave, from Persian bardag prisoner, from Middle Persian vartak.

17 Zygmunt Bauman, Modernity and the Holocaust (Cambridge: Polity Press, 1989), p. 18.

18 IMJ is the encyclopedic national museum of Art in Jerusalem .

19 Aniconism is the absence of material representations of both the natural and supernatural worlds in various cultures, particularly in the monotheistic Abrahamic religions. This ban may extend from only God to saints, all living beings, and everything that exists.

20 Lisa Jardine and Jerry Brotton, Global Interests: Renaissance Art between East and West (London: Reaktion Books), n.p.

21 “The discovery of the monumental Lascaux cave in 1940 [with its 19,000 year-old paintings] brought with it a new era in our knowledge of both prehistoric art and human origins. Today, the cave continues to feed our collective imagination and to profoundly move new generations of visitors from around the world”.

השנים] הביא עמו עידן חדש להיכרותנו הן עם האמנות הפרה-היסטורית והן עם מקורות האנושות. כיום, המערה ממשיכה להזין את הדמיון הקולקטיבי שלנו ולרגש דורות חדשים של מבקרים מכל רחבי העולם". מתוך אתר האינטרנט הרשמי: https://archeologie.culture.fr/lascaux/en

19 מרדכי עומר, "מבנים ופסלים בנוף", ביצחק דנציגר: מקום, בעריכת מרדכי עומר, תל אביב: הקיבוץ המאוחד, 1982, אין עמוד.

20 טיטוס פלביוס יוספוס, הידוע גם בשם יוסף בן מתתיהו ספר 1, פרק 4 מתרגום ויסון

21 סרג'יו אדלשטיין, "מטאפוריזציה של אקלים", בסירוקו - יום 4 עמ' 23, הביאנלה הבינלאומית ה-24 בסאו פאולו, 1998.

22 יונתן ויניצקי, אלי ערמון-אזולאי, "רוח: חמש וריאציות על נושא" (אחוזתו של מאט מונטיני, 2014), אין מס' ע'.

23 שם.

24 Catarina Belo, Chance and Determinism in Avicenna and Averroes, (Boston: Brill, 2007), p. 35.

25 ז'יל דלז " מהו מעשה היצירה?,- 1987. פריז, במאי 17, הרצאה ב-Femis

From the official website, https://archeologie.culture.fr/lascaux/en.

22 Mordechai Omer, “Structures and Sculptures in Landscape,” in Itzhak Danziger: Makom, ed. Mordechai Omer, trans. Ishai Tuvin (Tel Aviv: Hakibbutz Hameuchad, 1982), n.p.

23 Ibid.

24 Titus Flavius Josephus, also known as Yosef Ben Matityahu Book 1, Chapter 4 of the Whiston translation

25 Sergio Edelsztein, “Metaphorizing Climate,” in Sirocco - Day 4 p. 23, 24th International Biennial of Sao Paulo, 1998.

26 Yonatan Vinitsky, Ellie Armon Azoulay, “Wind: Five Variations on a Theme” (Estate of Matt Montini, 2014), n.p.

27, 28 Ibid.

29 Catarina Belo, Chance and Determinism in Avicenna and Averroes (Boston: Brill, 2007), p. 35.

30 Gilles Deleuze, “Qu’est-ce que l’acte de création?” (What Is the Act of Creation?), lecture at La Fémis, Paris, 17 May 1987. http://www.lepeuplequimanque.org/en/acte-de-creation-gilles-deleuze.html

COLOPHON

Onomatopee 217
Detective Elchmanyahu's auto-da-fe
By Jonathan Touitou

ISBN : 978-94-93148-63-5
Author: Jonathan Touitou
Chief editor and content advisor: Orit Bulgaru
Graphic design: Quentin Gaudry (thanks to Maya Cunat)
Translation to Hebrew: Ami Asher and Roi Bar
Proofreader: Roi Bar
Image editor: Lena Gomon, Quentin Gaudry
Editorial assistant: Moranne Mintz
Printer: Printon
Fonts: Noam Text by Adi Stern & Mandatory 29 by Fontef

Special thanks to Freek Lomme, Hilit Hemo,
and Raphael Zagury Orly.

Made possible thanks to the generous support of the Israel Lottery Council For Culture & Arts. The Project BAAD was made possible by the generous support of the Bezalel Academy of Art and Design in Jerusalem as well as the cooperation of the Bezalel MFA in Tel Aviv.

First edition, year 2021
Onomatopee Projects
www.onomatopee.net

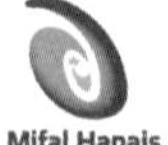

קולופון

כותר: האוטו-דה-פה של הבלש אלחמניהו.
כותר משני: פוליטיקאלי חורק

ISBN 978-94-93148-63-5
יונתן טואיטו: מְחַבֵּר
עריכה: אורית בולגרו
עיצוב: קוונטין גודרי
תמיכה גרפית: אורלי מורה
עריכת תוכן ותרגום עברית: עמי אשר
הגהה ותרגום לעברית: רועי בר
ניהול הפקה: מורן מינץ
עריכת דימויים: לנה גומון וקוונטין גודרי
מַדְפִּיס:Printon
פונטים: Noam Text by Adi Stern & Mandatory by Fontef

תודה מיוחדת ל: פריק לומה, הילית חמו ורפאל זגורי אורלי.

הספר "פוליטקלי חורק" הופק בסיוע מועצת הפיס לתרבות ולאמנות.
.התאפשר על ידי התמיכה הנדיבה של האקדמיה לאמנות ועיצוב בצלאל בירו-
שלים BAAD- הפרויקט

מהדורה ראשונה, שנה: 2021
Onomatopee Projects
www.onomatopee.net

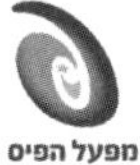

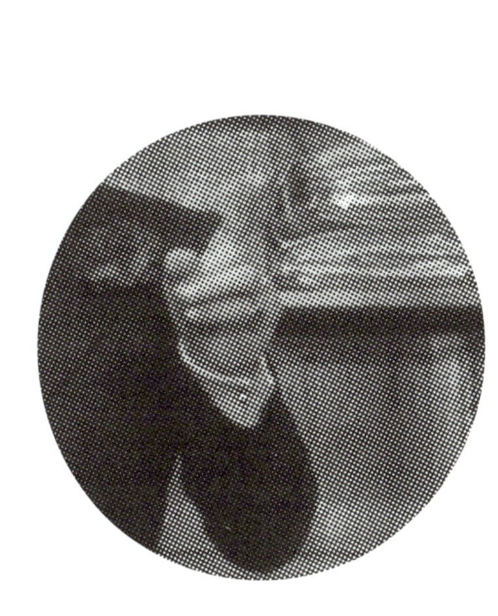